進化する南無阿弥陀仏

念仏はどこからきて、
どこに向かうのか?

平岡 聡

大蔵出版

はじめに

　三次元のものを二次元で完全に表現することはできない。たとえば地図。地図にはさまざまな図法があるが、どの図法にも短所と長所があり、完全な地図は存在しない。次元が違うからだ。しかし、その異なった二次元の地図の情報を幾重も積み重ねていくことで、地球に対する人間の理解は三次元に近づいていく。

　物事や事象も立体（三次元）と同じであるから、ある一つの視点から見えた姿（二次元）のみをとらえて、その全体像を完全に把握したことにはならない。上下左右など、なるべく多くの視点から観察することで、対象に対する理解は完全へと近づいていく。何ごとを理解するにも、多面的で複眼的思考は重要である。

　仏典の有名な譬え話を紹介しよう。複数の資料にみられるので、細かな異同は存在するが、おおよその内容は次のとおりである。一〇人の盲人がそれぞれ象の鼻・牙・足・尾など一部分のみを触り、それが何であるかを語り合うが、触った場所が異なるため意見が一致せず、自分の見解こそが正しいと各自が主張し、対立が深まる。しかし後に、それが同じものの違った部分であることに皆が気づきはじめ、最後に対立は解消して意見の一致をみる、という話である。

「群盲評象（群盲、象を評す）／群盲撫象（群盲、象を撫でる）」などと呼ばれる話だが、これは仏典のみならず、ジャイナ教やイスラム教の典籍にもみられ、ヨーロッパにも伝わったようだ。「物事や事象（あるいは真理）は一面だけをとらえてすべてを理解したと思ってはならない」ことを物語る譬喩となっているが、これを逆からみれば、部分を総合することで全体像の把握に近づくことができるとも言えよう。

「念仏《ねんぶつ》（あるいは南無阿弥陀仏《なむあみだぶつ》）」という事象も複雑な立体構造をしており、一面からのみのアプローチで全体像を把握することは到底できない。さらに複雑なのは、これが歴史的事象であるから、その理解には「時間軸」という、もう一つの次元を加え、四次元で理解しなければならない点である。

かといって、今までと同じ視点で念仏の姿をとらえても、新たな知見は積み重ならない。そこで本書では、今までになかった新たな視点から念仏にアプローチする。その視点とは「進化論」を援用し、「進化」という視点から念仏をみることだ。進化の窓を通してみた念仏の姿を提示するのが、本書の目的である。

もちろん、これだけで念仏の全体像がわかるわけではないが、従来にはなかった視点から念仏にアプローチするので、今までとは違った念仏の一面が提示できるだろう。今後、このような成果を積み重ねることで、念仏の全体像が明らかになると思うが、まずはその一つの試論として「進化」という視点から念仏の歴史を整理する。

この作業により、念仏の系譜が明らかになり、また南無阿弥陀仏が進化していることが理解されよう。さらには、過去から現在の念仏の流れを整理することで、念仏の方向性も明らかになり、その方向を辿れば、現在の念仏が未来へ向かってどう進んで行くのかも見えてくる。終章では、私なりに念仏（南無阿弥陀仏）の将来を予想してみたい。

目次

略号表

AKBh : *Abhidharmakośabhāṣyam of Vasubandhu* (*Tibetan Sanskrit Works Series* 8), ed. P. Pradhan, Patna, 1975.

AN : *Aṅguttara-nikāya*, 6 vols., PTS.

Ap. : *Apadāna*, PTS.

Divy. : *Divyāvadāna : A Collection of Early Buddhist Legends*, ed. E. B. Cowell and R. A. Neil, Cambridge.

DN : *Dīgha-nikāya*, 3 vols., PTS.

L-Sukh. : *Larger Sukhāvatīvyūha*, ed. A. Ashikaga, Kyoto, 1965.

MMK : *Mūlamadhyamakakārikās de Nāgārjuna avec* la *Prasannapadā commentaire de Candrakīrti*, *Bibliotheca Buddhica* iv, St-Petersbourg, 1903–1913.

MN : *Majjhima-nikāya*, 4 vols., PTS.

Mv. : *Mahāvastu*, ed. É. Senart, 3 vols., Paris, 1882–1897 (Reprint : Tokyo, 1977).

Pañc. : *Pañcaviṃśatisāhasrikā Prajñāpāramitā* V, ed. T. Kimura, Tokyo, 1992.

PTS : Pali Text Society.

ṚV : *Ṛg-Veda*.

SBhV : *The Gilgit Manuscript of the Saṅghabhedavastu* (Part1), ed. R. Gnoli, Rome, 1977.

Skt.　: Sanskrit.

Sn　: *Suttanipāta*, PTS.

SN　: *Saṃyutta-nikāya*, 6 vols., PTS.

S-Sukh.　: *Smaller Sukhāvatīvyūha*, ed. M. Müller and B. Nanjio, Oxford, 1883.

T.　: *Taishō Shinshū Daizōkyō*, ed. J. Takakusu and K. Watanabe, et al. 55 vols., Tokyo, 1924–1934.

Vin.　: *Vinayapiṭaka*, 5 vols., PTS.

Vis.　: *Visuddhimagga*, PTS.

恵全　: 比叡山専修学院・叡山学院編『恵心僧都全集』（全五巻）比叡山図書刊行所、一九二七～一九二八.

浄全　: 浄土宗宗典刊行会編『浄土宗全書』（全二〇巻）山喜房仏書林、一九〇七～一九一四.

昭定　: 立正大学宗学研究所編『昭和定本日蓮聖人遺文』（全四巻）平楽寺書店、一九五二～一九五九.

真聖　: 浄土真宗本願寺派総合研究所編『浄土真宗聖典』本願寺出版社、一九八八.

凡例

（一）歴史的 Buddha、すなわち釈迦牟尼（＝ガウタマ・シッダールタ／ゴータマ・シッダッタ）仏は「ブッダ」とカタカナ表記し、その他の Buddha は「仏」と漢字表記する。ただし、慣用表現は、「ブッダの滅後」ではなく「仏滅後」、「ブッダの弟子」ではなく「仏弟子」、「ブッダの伝記」ではなく「仏伝」と漢字で表記する。

（二）経典名を〈 〉でくくる場合は、その経典の異訳を含めた総称を意味する。つまり、〈無量寿経〉はインド原典・チベット訳（＝蔵訳）・漢訳などをすべて含んだ総称、また『無量寿経』は康僧鎧訳の漢訳経典を意味し、両者を区別する。

（三）漢数字について、固有名詞化している数字は「第十八願」、単なる数字を表す場合は、「一八歳」等と表記することを基本とする。

（四）日本の仏典の引用については、原典の「たまふ」は「たまう」など、現代語的表現に改めている。

進化する南無阿弥陀仏

―念仏はどこからきて、どこに向かうのか?―

序章　進化する仏教

カスタマイズ（時機相応化）される仏教

今から約二五〇〇年前に始まる最初期の仏教の姿をまどかに知ることはできないが、スリランカやタイなど南方系の仏教をみれば、ブッダの時代の仏教の姿はおよそ想像できよう。オレンジ色の衣を身にまとって町中を乞食《こつじき》し、乞食後は僧院に籠もって仏典の読誦《どくじゅ》と瞑想の行に専心して覚りを目指す出家者《しゅっけしゃ》からは、古代インドのブッダや仏弟子の姿が立ち上ってくるようだ。気候風土や文化がインドに近いことも、当時の姿から大きく隔たっていないと考えられる要因であろう。

一方、インドの仏教は中央アジアを経由し、中国に将来された。中国はインドと違い、気候風土や文化、そして何より言語が異なるため、仏教は大きな変容（これ以降は「進化」という用語を用いる）を遂げた。その中国仏教が日本に伝えられると、仏教はさらなる進化を遂げる。特に三時説《さんじせつ》（正法《しょうぼう》・像法《ぞうほう》・末法《まっぽう》）という下降的仏教史観の影響を受け、一〇五二年が末法元年と信じられていた日本中世では、従来の仏教に変わり、末法という危機的状況にふさわしい新たな仏教が求められた。

このような時代の要請に応えるべく、法然《ほうねん》は「末法という危機的時代にあっては、念仏《ねんぶつ》でしか救われない」と専修《せんじゅ》念仏の教えを説き、その弟子の親鸞《しんらん》も法然の教えを継承しつつ、独自の解釈を施した浄土教《じょうどきょう》を展開した。このような浄土教の特徴は一般に「時機相応《じきそうおう》」と言われる。時機相応とは、「時代（時）と、その時代に住む人間の能力（機）とにピッタリあった（相応）教え」という意味である。

したがって、時機相応とは浄土教の専売特許のように思われるかもしれないが、これは浄土教に限ったことではなく、仏教自体が時機相応の教えとして機能してきたのであり、法然浄土教はその典型例に過ぎない。同じ日本の鎌倉時代、法然から遅れること約一世紀、日蓮《にちれん》が末法の世にふさわしい行として確立した唱題《しょうだい》、すなわち南無妙法蓮華経《なむみょうほうれんげきょう》と唱えることも時機相応の教えと言えよう。

もしもブッダの教えに何も足さず何も引かず、一〇〇パーセント完璧に伝承されてきたのなら、仏教はこれほどまでに多様化することはなかったはずだ。原形に近いとされる南方仏教でさえ、ブッダ在世当時の仏教の完璧なコピー（あるいはクローン）ではない。ではなぜこれほどまでに教えは多様化するのか。その理由は簡単だ。教え自体は普遍ではないからだ。〝普遍〟ではないから、〝不変〟でもない。普遍なのは「覚り（目覚め）という体験」、あるいは覚りの対象となる「真理」そのものである。「教え」は覚りに至るための方便《ほうべん》、あるいは真理を言葉で表現したものだから、普遍（不変）ではなく、また覚りを開けば最終的には捨てられるべきものである。これを端的に示したのが、人口に膾炙した「筏の喩え」だ。初期経典から、その内容を紹介しよう。

「比丘《びく》たちよ、お前たちに筏の喩えを説こう。それは〔彼岸《ひがん》に〕渡るためであって、執着《しゅうじゃく》するためではない。それを聞き、よく思念するがよい。では説こう」

「大徳《だいとく》よ、かしこまりました」と、かの比丘たちは世尊《せそん》に答えた。

「比丘たちよ、たとえば大きな道を進んでいる人が、此岸《しがん》は危険で恐怖があるが、彼岸は安全で恐怖のない大きな水の流れを見るとしよう。彼には此岸から彼岸に行くための橋も渡し船もない。彼はこう考えた。〈これは大きな水の流れだ。此岸は危険で恐怖があるが、彼岸は安全で恐怖はない。だが、此岸から彼岸に行くための橋も渡し船もない。いざ私は草・木・枝・葉を集めて筏を編み、その筏を頼りとして、手足で努力し、無事に彼岸に渡ろう〉と。そこで比丘たちよ、その人は草・木・枝・葉を集めて筏を編み、その筏を頼りとして、手足で努力し、無事に彼岸に渡ったとする。

彼岸に渡った彼はこう考えた。〈この筏は私の役に立った。私はこの筏を頼りとして、手足で努力し、無事に彼岸に渡った。いざ私はこの筏を頭に乗せるか肩に担ぐかして、好きなところへ出かけよう〉と。比丘たちよ、これをどう思うか。そのように行えば、その人はその筏に対してなすべきことをなしたことになるであろうか」

「大徳よ、そうではありません」

「では比丘たちよ、どうすればその人はその筏についてなすべきことをなしたことになるであろうか。比丘たちよ、ここで、彼岸に渡ったその人がこう考えたとする。〈この筏は私の役に立った。私はこの筏を頼りとして、手足で努力し、無事に彼岸に渡った。いざ私はこの筏を陸地に引き上げるか水に浸けるかして、好きなところへ出かけよう〉と。比丘たちよ、そのように行えば、その人はその筏に対してなすべきことをなしたことになるのだ」（MN i 134.30–135.26）

ここでは〝筏〟が「教え」に喩えられており、彼岸に渡り終われば、教えに執着してはならず、潔くそれを捨てなければならない。だから、ブッダの説法《せっぽう》は対機《たいき》説法《せっぽう》と呼ばれる。相手の能力（機）に合わせて（＝対して）法（教え）を説くので、そう呼ばれる。これは「応病与薬《おうびょうよやく》（病に応じて薬を与える）」とも表現されるが、重要なのは「健康になること」

であり、薬自体ではない。薬はあくまで健康になるための方便（手段）にすぎないから、ブッダの教えも「覚りの方便」という位置づけになる。こうして教えは説法の対象者や時代によってカスタマイズ（時機相応化）されるのである。

仏と法との関係

これについては、平岡［2015］に基づき紹介する。仏教はアジアを中心に多様な展開を遂げたが、時代と地域は異なっても、三宝《さんぼう》に帰依《きえ》することが仏教徒になるための条件であることは共通している。三宝とは、仏（Buddha）と法（Dharma）と僧（Saṃgha）であるが、仏とは目覚めた人、法とは仏が覚った真理（あるいは仏が説いた教え）、そして僧とは仏が説いた法に従って修行し、覚りを目指す人々の集団だ。このうち、最後の僧はよいとして、仏と法とはどちらが上位概念となるのか。答えは「法」である。なぜなら、人を仏たらしめるのは法であるからだ。

岸本［1973：181］は、西洋の一神教的な神の存在に代わるものとして、東洋では宇宙に自ずからそなわる法則性を挙げ、これを仏教では「法（dharma）」と呼び、宇宙の運行の根本的法則性を指しており、仏や菩薩《ぼさつ》よりも根本的なものであると指摘する。長尾［1967：8］も、一神教的な神を認めない仏教が最高の権威を認めるとすれば、それは「法（dharma）」

だけであり、歴史的な個人ではないと強調する。竹内［1981：156–157］も、ブッダという人格を通じてブッダの覚った法を聞き、受け止めていたのであるから、現実は「仏中心」であったが、建前は涅槃経《ねはんぎょう》の「自灯明・法灯明」に代表されるように、ブッダ自身の拠り所が法であったことから、仏教は元来「法中心」であったと言う。

さらに、中村［1994：258］は、「原始仏教においては「法」の権威が最高のものであり、「仏」の上に位していた。たとえば、「縁起《えんぎ》の理法《りほう》」について、決まり文句として次のように言う、――この縁起の理法は「永遠の真理」である。「如来《にょらい》が世に出ても、あるいはまだ出なくても、この理法は、定まったものである」。如来はただこの理法を覚って「さとり」（等正覚《とうしょうがく》）を実践し、衆生《しゅじょう》のために宣説し、開示しただけにすぎない」と述べている。では、実際の文献でこの点を確認してみよう。まずは中村が指摘する「決まり文句」から。

「比丘たちよ、縁起とは何か。比丘たちよ、生《しょう》を縁として老死《ろうし》がある。如来が〔世に〕出ても、あるいは如来が〔世に〕出なくても、この道理は定まり、法として定まり、法として確定している。それは相依性のものである。如来はこれに目覚め、〔これを〕覚り、理解する。覚り、理解してから、宣言し、説示し、告知し、宣布し、開陳し、分別《ふんべつ》し、明らかにし、『お前たちは見よ』と言う」（SN ii 25.17–23）

ここでは仏と法の主従関係が明確に説かれている。これと同様の記述は、同じ『相応部』の別の場所にもみられる。

「比丘たちよ、たとえば人が荒野の林叢をさまよっていると、過去の人々が辿った古道・古径を発見したとしよう。彼はそれにしたがいながら進むと、園林を具え、森を具え、蓮池を具え、城壁に取り囲まれて麗しく、過去の人々が住んでいた古き都城・古き王都を発見したとしよう」(SN ii 105.35–106.3)

この喩えをふまえ、ブッダ自身も過去の正等覚者《しょうとうがくしゃ》たちの辿った道を発見し、これにしたがい、これにそって行くと、老死を知り、老死の原因を知り、老死の滅を知り、老死の滅に赴く道を知ったと語る。この経の趣旨は、ブッダの見出した法がブッダだけの発見ではなく、過去の仏も共通して見出した法であることを強調することで、ブッダの発見した法に普遍性を付与することにある。しかし、仏と法の関係からこの喩えをみれば、ブッダも含めた諸仏が存在する以前に古き都城(これが「法」の比喩的表現)はすでに存在しているわけであるから、先ほどの「決まり文句」と同様に、法が仏の上位概念であることを伝えていることになろう。

一方、中村［1988：189］は、インド人一般の思惟方法の特徴が「普遍者に対する随順」にあると指摘し、「このような思惟方法にもとづくかぎり、真理を説く人の歴史性は、ややもすれば撥無される傾向が生じる。個人に対する法の優越性を強調する結果として、最上の人格者といえども、普遍的な法を実現したひとつの個別的事情にすぎないということになる」と言う。さらには、次のような用例も指摘できる。同じく『相応部』の用例から引用する。ここでは成道《じょうどう》直後のブッダが、誰にもたよらず誰をも敬わずに生きていくことに虚しさを感じたときの心中を描写した場面である。

〈まだ満たされていない戒蘊《かいうん》を満たすために、他の沙門《しゃもん》あるいはバラモンを尊い、重んじ、近づいて生活しよう。しかし、私は天・魔・梵天《ぼんてん》を含む世間において、沙門・バラモン・人・天を含む人々の中で、私以上に戒を成就し、〔それゆえに〕私が敬い、重んじ、近づいて生活できるような沙門やバラモンを見たことがない（以下、定《じょう》蘊と解脱《げだつ》蘊について同じ表現が繰り返される）。いざ私は私が覚った法、この法こそを敬い、重んじ、近づいて時を過ごそう〉（SN i 139.5–27）

傍線で示したように、ここでも「仏が法を敬う」と表現しているので、仏と法の主従関係は明白だ。無論、法を覚って仏となり、また法は仏に説かれてはじめて我々の認識可能な領域に姿を現すのであるから、車の両輪の如く、両者は相即し、単独では存在し得ないが、理念的には仏よりも法の方が上位概念となる。

「法」と訳されるdharmaは「維持する」を意味する動詞√dhṛから派生した名詞で、本来は社会・世界を維持する「法則・理法」、あるいは世界や宇宙を貫く「道理・真理」を意味するし、またブッダが説いた「教え」もdharmaの意味内容となる。つまり、表現を超えた道理・真理としてのdharma（理法）は不変で一つだが（不易）、そこに導くための教えとして言葉で説かれたdharma（教法《きょうほう》）は多様性を帯びる可能性を秘めている（流行）。

理法と教法の関係：龍樹の二諦説

では、理法と教法とはどのような関係にあるのか。ここでは、これを言葉の問題に置き換えて考察してみよう。近代言語学の父ソシュールは、シニフィアンsignifiant（音の連鎖）とシニフィエsignifié（音の連鎖が表す言葉の意味）の関係から、言語を記号の体系と規定した。たとえば、「り／ん／ご」という音の連鎖、すなわち「りんご」という言葉がシニフィアンであり、それによって言い表される「赤くて丸い果実そのもの」がシニフィエである（実はこの「赤くて丸い果実そのもの」という表現も「言葉」である以上、厳密な意味ではシニフィエではありえない。これが言葉の限界！）。

つまり、シニフィアンとシニフィエはまったく同一ではないという点が重要だ。同一であれば、不思議なことが起こってしまう。たとえば「火」と発音すれば、口が火傷するであろうし、「火」と黒板に書けば、そこは直ちに炎を上げて燃えるに違いない。しかし両者は別物なので、口が火傷することも黒板が燃えることもない。言葉は実物に貼り付けられたシールのようなものと理解すべきである。

ただしここで注意が必要なのは、シニフィアンとシニフィエとがまったく別物でもないということだ。言葉の一般的なルールとして、「りんご」という言葉は「赤くて丸い果実」を意味し、「黄色くて丸い果実」である「みかん」やほかの果実は意味しない。というわけで、シニフィアンとシニフィエの関係は不一不異ということになる。ここではソシュールにならい、シニフィアンとシニフィエという用語を使ったが、ソシュールより一五〇〇年以上も前に、仏教ではシニフィアンを「能詮《のうせん》」、シニフィエを「所詮《しょせん》」と呼び、両者をすでに区別していた。

この分類に従えば、理法を言葉で表現したものが教法であるから、理法はシニフィエ（所詮）、教法はシニフィアン（能詮）となる。「表現」とは無形（形而上）の「もの／こと」

を、有形なもの（形而下）として表出することである。その媒体は「言葉」だけではなく、絵画（曼荼羅《まんだら》など）や造形（仏像など）もその一つであろう。形而上にある理法を形而下において表現する方法は千差万別であるから、言葉を媒体とする経典や論書、また絵画や造形も多種多様に産出されることになる。

龍樹《りゅうじゅ》はこれを世俗諦《せぞくたい》と勝義諦《しょうぎたい》という二諦説で説明した。「諦」とは「真理」を意味するが、世俗諦とは言葉で表現された真理、勝義諦とは世俗諦によって言い表されるべき真理そのものを意味するので、教法が世俗諦、理法が勝義諦にあたる。ここで注意を要するのは、世俗（単なる言葉）と世俗諦（真理を表現した言葉）が本質的に異なるということだ。世俗諦は勝義諦とイコールではないが、しかし「勝義諦を表現した言葉」であるから、単なる言葉とは意味合いがまったく異なる。

中国の禅家による「指月の喩え」を参考にしよう。ここでは月が理法に、指が教法に喩えられ、月（理法）を指し示す指（教法）を手がかりに、われわれは月を見ることができる。つまり月は一つだが、それを指し示す指の方角は、世界のどこにいるかで異なる。西洋と東洋、北半球と南半球、また時間の経過とともに、月を示す指の方角は変化するのである。

別の例を一つ。世界の人々が日本というゴールを目指す場合、オーストラリアの人々には「北に行け」という指示になる。一方、トルコの人々には「東に行け」、アメリカの人々には「西に行け」、そしてロシア東部の人々には「南に行け」という指示になり、指示する方角は場所によってすべて異なる。この譬えから、目指すゴール（理法）は同じでも、そこに導く指示（教法）は異なることがわかる。

これが「対機説法」だ。個別性のある相手の機（能力）に対応し、それに相応しい法を説くのが、ブッダ以来の仏教の伝統である。たとえば、ブッダは衆生を覚りに導くために、がんばり過ぎる仏弟子には「少し休め」と慰め、怠惰な仏弟子には「もっと励め」と諭す。どちらもブッダの言葉たりえるが、その表現形態は正反対だ。表面だけを見れば、ブッダは矛盾したことを説いているが、相手に応じて説かれる教えは、場合によっては異なることもある。

この譬えは私が考えたものであり、経典に直接トレースはできないが、根拠となるエピソードはちゃんとある。修行に精を出しすぎている仏弟子ソーナは琴に長けていたので、ブッダは次のような琴の弦の譬喩を説いた。

「ソーナよ、お前はこれをどう思うか。もしもお前の琴の弦〔の張り〕が強すぎたならば、そのとき琴は妙音を発し、本来の働きをするであろうか」「大徳よ、そうではありません」

「ソーナよ、お前はこれをどう思うか。もしもお前の琴の弦〔の張り〕が弱すぎたならば、そのとき琴は妙音を発し、本来の働きをするであろうか」「大徳よ、そうではありません」

「ソーナよ、お前はこれをどう思うか。もしもお前の琴の弦〔の張り〕が強すぎず弱すぎず、ちょうどよければ、そのとき琴は妙音を発し、本来の働きをするであろうか」「大徳よ、そのとおりです」

「ソーナよ、それとまったく同じように、精進《しょうじん》も度を超せば掉挙《じょうこ》〔気持ちが高ぶった興奮状態〕となり、少なすぎれば懈怠となる」（Vin. i 182.29–183.3）

次に紹介するのは実際に経典にみられる用例で、ブッダは相反する内容を経典に残している。ブッダは一方で「一切は苦である」、また他方で「苦あり、楽あり、その中間あり」と説く。このような場合、残された仏弟子はこれにどう対処したのか。実はこの対処法が、仏教の歴史と大きく関わってくるのである。

仏教の歴史は聖典解釈の歴史

ブッダが生きている間は、教説に関して疑義が生じても、問題の解決はそれほど難しくない。ブッダ本人に訊けばよいからだ。だがブッダの滅後、その道は閉ざされる。相反する教説を残してブッダが入滅《にゅうめつ》した後、当時の仏教徒たちがこの問題にどう対処したのかについては、本庄［2010］を参考に論を進めよう。

キリスト教にも同様の問題は起こりえたが、キリスト教は公会議を開き、異説同士を付き合わせて、どちらが〝正統〟であり、どちらが〝異端〟であるかを決定した。そしてひとたび「異端」の烙印を押された教説は徹底的に排除される。かなり厳しい態度だ。そこでの審議は、教説の内容の是非もさることながら、出席者のパワーバランスも影響するので、正統説＝正当説とは限らない。

では仏教はどう対処したかというと、権威ある仏教思想家（たち）が「どの教説がブッダの真意であるか」を決定し、一貫した体系を作っていかざるをえなかった。そのさい、A説とB説とが並び立つ場合、キリスト教のように、一方を正統として採用し、他方を異端として排除することはなかった。「ブッダは無意味なことは言わない」と考えられていたからである。

では並び立つ二説をどう共存させたのか。かりにA説が仏説であり、ブッダが真意を述べ、文字どおりに受けとってよい説（了義《りょうぎ》）とされれば、B説は仏が衆生を導くための「裏の意味（密意《みっち》）」が隠された教説（未了義）であり、そのまま受け取ってはならない説と考えられた。こうして当時の仏教徒たちはブッダの真意を探る努力とともに、仮（権）のものとされる教えに付随する密意を探る努力を怠ることはなかったのである。

しかし、これは遺された仏教徒の「解釈」という恣意性を免れないため、仏教徒によっては逆の解釈、すなわちB説が了義（仏説）であり、A説が未了義という解釈もなり立つ。よって、仏滅後一〇〇年（あるいは二〇〇年）が経過すると、それまで和合を保っていた教団はブッダの教説に対する解釈の異なりによって分裂を余儀なくされ、多数の部派（グループ）が林立する結果となった。たとえば、先ほどの「苦」を巡る矛盾はどう解釈されるか。

「一切は苦である」を了義とする部派は、「苦あり、楽あり、その中間あり」の教説を、「楽とは、実は微弱な苦を密意し、苦とは強い苦を、苦楽の中間とは実はそれらの中間の苦を密意して説いた」と説明する。一方、「苦あり、楽あり、その中間あり」の教説を了義とする部派は、「一切は苦である」の教説を、「諸行《しょぎょう》の壊《え》苦性《くしょう》を密意して説いた（＝感覚はすべて諸行であり、無常《むじょう》であるから壊れたときはすべてが苦である）」と説明するが、これが後の教相判釈の祖型となる。

仏教の典籍は三蔵《さんぞう》と言われ、経蔵・律蔵《りつ》・論蔵の三つを指す。経はブッダが説いたとされる教説を集成した典籍、律蔵はブッダが制定したとされる戒律を集成した典籍、そして論蔵はその経蔵と律蔵とに対して後の仏教徒たちが注釈や解釈を施した典籍である。よって、経蔵と律蔵は「仏説」だが、論蔵は「非仏説」だ。しかし今みたように、教説からブッダの真意を探り、また密意を探る努力の結果は、論蔵に集約されることになるので、論蔵こそが各部派にとって「ブッダの真意」を代表する最高の仏説と考えられるようになっていく。

これについてさらに興味深いのは、論蔵が本来の立場である「非仏説」から「仏説」に格上げされただけでなく、三蔵の中で最高の権威とみなされるようになったことだ。経蔵で説かれたブッダの真意を確定するのは論蔵であるという理由からだが、その立論にあたっては、教証《きようしよう》(経典の教説による証明)のみならず、理証《りしよう》(道理・理屈による証明)が要求されたため、経蔵の重みが相対的に失われていくことになった。こうして、ブッダの教説さえも、個々の経は、まず「文字どおりに受けとってよいか」という問いかけと理論的吟味なしに読むことは許されなくなってしまったと本庄は指摘する。

時代は変わっても、立論にあたっては教証と理証が重要な要件となる。鎌倉期の祖師たちの文献も、大乗経典や論書を大量に引用し、また道理や論理を駆使して、自ら独自の思想を確立するが、教証と理証に加え、ここでは「体証」も重要な要件であることを確認しておく。この言葉自体は私の造語であり、仏典に典拠はない。しかし、仏教は宗教であり、修行を通して覚りの獲得を目指すのであるから、単なる思想や哲学ではなく、その教えが本当に覚りに資するかどうかは体験によって確かめられなければならない。こうして、教証・理証・体証により、教えは多様化していく。

さて論蔵は教説つまり教法（dharma）に対する（abhi-）注釈文献であるから「アビダルマ（abhidharma）」とも呼ばれるが、本庄はこの研究成果をさらに展開させ、このアビダルマ仏説論が大乗仏説論につながっていた可能性を示唆する。部派仏教徒たちは自分たちの論蔵の権威を守るために、「了義／未了義（密意）」に加え、「隠没」と「法性《ほっしょう》」とで理論武装した。

「隠没」とは、「論蔵の中の理論で、現存する経に説かれていないものは、隠没した経に説かれていたものを阿羅漢《あらかん》が三昧《さんまい》に入り、特殊な智慧で見通し回復せしめたものである」という理論、また「法性」とは、「経に説かれていなくても、法性（理屈）に適えば、仏説である」という理論である。本来これはアビダルマ仏説論の理論武装であったが、はからずもこれはそのまま大乗が仏説であることに根拠を提供してしまったのではないか、というのが本庄［1989］の仮説である。このように聖典は解釈され、教説は多様化していくのであり、この聖典解釈の歴史こそが仏教の歴史であった。

本書の視点

以上で本論に入る準備作業がほぼ整った。では、最後に本書の視点についてまとめておく。檀家制度や日本の文化習俗により、仏教はわれわれの生活に深く浸透しているため、日本人が仏教に触れる場合、まずその入口となるのは日本の宗派仏教であろう。法事や葬式、あるいは初詣などを通して日本人は仏教と触れる。またその仏教も、浄土系（浄土真宗と浄土宗）の信者が多いので、念仏は日本人にとって身近な行である。

「念仏」と言えば、大多数の日本人は「南無阿弥陀仏《なむあみだぶつ》と声に出して称えること」を想起するだろう。しかし念仏は字義どおり「仏を念ずること」であり、本来、南無阿弥陀仏と声に出して称えることではなかった。では南無阿弥陀仏と声に出して称える行はなかったのかというと、そうではない。阿弥陀仏の成立は大乗仏教の時代、すなわちブッダの時代から約四〇〇年以上も遅れるので、南無阿弥陀仏と声に出して称える行の成立はそれほど古くないが、「南無仏（仏に南無〔＝帰依〕する）」と声に出して表明する行、すなわち称名《しょうみょう》という行は古くからあった。

念仏の起源も古く、初期仏教の時代に遡るので、念仏も称名も歴史と伝統のある仏教の行ではあるが、本来、両者は別物であった。それが時代の経過とともに接近し、併修され、そして最終的には称名が念仏であるとする流れも新たに誕生した。しかしそれは一つの流れであり、ある時点で両者が完全に一体化したわけではない。称名が念仏とみなされても、念仏は念仏、称名は称名で、独立した行として今日まで存続している。

そこで本書では、まず念仏と称名とを分離し、それぞれ別個にその起源と展開をインド仏教の文脈で整理する（念仏は第一章、称名は第二章）。また称名は「聞名《もんみょう》」と深い関係にあるので、これを含めてその展開を跡づける。その後、中国仏教に舞台を移し、両者が接近して同一視される過程を整理する（第三章）。結論を急ぐなら、中国仏教において、唐の時代、中国浄土教を大成させた善導《ぜんどう》が念仏と称名とを同一視したことで、両者は完全に合体する。次に最終段階として日本仏教における念仏観を整理する（第四章）。善導を承けた法然は善導の念仏観をさらに展開し、またその法然の念仏観は親鸞や一遍《いっぺん》によって新たな解釈が施されていくので、その経緯をまとめてみたい。

経年変化という視点から念仏観を歴史的に整理するのは第四章までだが、第五章以下では第四章までの考察を踏まえ、念仏の特徴を浮き彫りにするために、独自の視点から念仏の特徴、とくに法然以降の念仏の特徴を考察する。第五章では、「言霊」という視点、また第六章では「物語」という視点から、念仏にアプローチする。そしてそれを踏まえ、終章では念仏の未来を予想してみたい。

進化論の援用

本書で「進化論」の理論を援用することは、すでに述べた。キリスト教文化圏では、神が人間の創造主であるというのが大前提であり、古代および中世のヨーロッパ世界ではそれが常識だった。ところが近世、イギリスの自然科学者ダーウィンの出現により、この大前提は大きな変更を余儀なくされた。長い時間をかけ、ヒトはサルと共通の祖先から進化したことを明らかにしたのだ。時代の経過とともに、彼の理論は修正を施されながらも、大筋では現代生物学の基盤をなす理論を提供している。

自然界にはさまざまな環境変化が起こったが、その変化に対応できた生物のみが今日まで生き延びた。遺伝子はこのような不測の事態に対応するため、遺伝子のわずかなコピーミスを起こすようプログラムされている。これが突然変異だ。こうして小さなバリエーションのある同種の個体が自然の環境変化によって選択され、環境により適した個体が生き延びるようになり、生き残った雄と雌から生まれた子孫は、その変異した形質をさらに強化する。

「生き残りに適していること／生き残って次の段階に進むこと」、それが「進化」の意味であるから、進化とは「質的に向上すること」を〝必ずしも〟意味しない。進化に「生き残りに適している」という以上の意味はない。たとえば人間の進化を考えた場合、利他《りた》的な人間の遺伝子は残る可能性はきわめて低い。なぜなら、自分の命を犠牲にして他者の命を生かすからだ。かといって、邪悪な人間の遺伝子も残りにくいであろう。恨みをかって殺される確率が高くなるからだ。ということは「そこそこ善人で、そこそこ悪人」が生き残りには適していると言えそうである。というわけで、進化は「質的な向上」とは直接関係ないのである。

これまで私は「脱皮／変容」をキーワードに仏教の歴史を概観してきたが、本書では「進化」をキーワードに念仏の変遷を辿っていく。言葉は違うが、基本的な意味は同じである。生物が共通の祖先から多様な進化を遂げたように、念仏もその原初形態から、時間の経過とともに多様な進化を遂げており、進化論を援用することで念仏の起源と展開は理解しやすくなる。ただし、それで念仏の全貌が明らかになるわけではない。あくまで、念仏に対する見方を今までとは異なった観点から提供するだけであり、念仏の多角的理解の一助となればと考えてのことだ。このような新たな試みが集積すれば、より確かな念仏の輪郭を描くことができるだろう。

最後に一つだけ付言を。生物学上の進化は小さな変化が長大な時間をかけて徐々に進行するので、見た目でわかるほどに形質が変化するにはかなりの世代交代が必要となる（それでも短時間で形質の変化が現れることが、ワイナー［1995］によって報告されている）。

一方、仏教思想の進化は、これからみていくように、偉大な仏教者の独創的な解釈によって一気に起こるので、生物学上の進化論がそのまま仏教思想の進化に当てはまるわけではないことを断っておく（この場合、同じ進化論でも、ドーキンス［1991］が提唱した「ミーム（文化的自己複製子）」を用いる方が適切かもしれないが、議論が煩瑣になるため、これ以上は深入りしない）。

第一章　念仏の進化

一　伝統仏教

初期経典の用例

中国や日本の浄土教《じょうどきょう》では特別な意味を持つ念仏《ねんぶつ》だが、その淵源は仏教発祥の地インドに求められ、しかも初期経典中にさまざまな形で説かれている。まずは単独で「念」がどのように説かれているのかを最古層の文献『経集』で確認する。ここでは、農耕に勤しむバラモンのバラドヴァージャと、そこに托鉢《たくはつ》にやってきたブッダとのやりとりがみられる。バラモンがブッダに耕作するよう注意すると、ブッダは自分も耕作していると言い返す。それはいかなる意味かとバラモンが問うと、ブッダはこう答えた。

「我には、信仰が種、苦行が雨、知慧が軛と鋤《すき》なり。我には、慚《ざん》が鋤棒、心が縛る縄、念が鋤先と突棒なり（sati … phālapācanaṃ）」（Sn 77）

ブッダは通常の意味内容を換骨奪胎し、自分も耕作していると説くが、ここでは「念」が「鋤先と突棒」とに喩えられる。これから推察すれば、念は仏道実践の先頭に立つべき位置づけにあることがわかる。また『経集』の別の箇所では、「それ故、人は常に念を保ち（sadā sato）、諸々の欲望を回避せよ」（Sn 771）と説かれるが、いずれも念の対象が何かは明記されていない。なお、〈倶舎論《くしゃろん》〉は「念」を「対象を忘失しないこと（ālambanāsaṃpramoṣaḥ）」（AKBh 54.22–23）と定義していることも付記しておく。

さてこの念は、教理的にまとまった形で「三念／六念／十念」説として体系化されていくが、いずれもその最初に置かれるのが「念仏」だ。三念とは「仏・法・僧」の三宝《さんぼう》を念ずること（念仏・念法・念僧）であるが、この三宝に帰依《きえ》することは仏教の入門儀礼になっている。

この三念に「戒《かい》・施・天」という三論（在家《ざいけ》信者の三つの実践徳目）を念ずること（念戒・念施・念天）を加えて「六念」が成立する。三論とは「持戒《じかい》・布施《ふせ》・生天《しょうてん》」のことで、在家者に対する説法《せっぽう》を意味する。在家者は戒を保ち、出家者《しゅっけしゃ》に布施をすることで、死後には天界に生まれることが勧められるのだ。つまり、六念説は在家者の実践道を示しており、実際に初期経典では六念説が在家信者のために説かれている。

この六念に、休息念・出入息念・身至念《しんしねん》・死念の四つを加えて、十念説が成立する。十念説は三念説や六念説よりも遅れて成立し、しかもこの四つは精神を集中するための行であるから、出家者を対象にする。三念説や六念説は在家道、十念説は出家道として説かれるので、同じ念でも両者の間には大きな違いが認められる。「仏随念」の素朴なものとして、ブッダが弟子たちに「三宝のそれぞれを随念することの功徳《くどく》」を語る経典があるが、その中の仏随念は次のとおり。

「比丘《びく》たちよ、もしもお前たちが森の中にいようとも、樹木の根元にいようとも、空き家にいようとも、恐怖が起こったならば、戦慄が起こったならば、身の毛のよだつことがあったならば、その時は私を随念せよ。〈かの世尊《せそん》は阿羅漢《あらかん》・正等覚者《しょうとうがくしゃ》・明《みょう》行足《ぎょうそく》・善逝《ぜんぜい》・世間解《せけんげ》・無上士《むじょうし》・調御丈夫《じょうごじょうぶ》・天人師《てんにんし》・仏・世尊である〉と。比丘たちよ、お前たちが私を随念するならば、恐怖が起こっても、戦慄が起こっても、身の毛のよだつことがあっても、それは除かれるだろう」(SN i 219.27–35)

このように、仏随念の具体的な内容は「如来《にょらい》の十号」であり、これを念の対象とする。そして仏を随念することで、恐怖から解放されるという功徳もあわせて説かれる。

次に「六随念」という体系化された教えをみてみよう。これは「仏随念・法随念・僧随念・戒随念・捨随念・天随念」を内容とするが、ここで問題にする仏随念はその第一番目に位置する。これは『長部』等でも説かれるが、ここではその項目があげられているだけで、その詳細はわからない。よって、ここではその具体的な内容が説明されている『増支部』の用例を紹介しよう。これはマハーナーマの「果を獲得して教えを了解《りょうげ》した聖なる声聞《しょうもん》はどのような状態に留まっているのか」という質問に対するブッダの答えの中で説かれているが、仏随念に関するブッダの説明は次のとおり。

「マハーナーマよ、この世で聖なる声聞は如来を随念する。〈かの世尊は、阿羅漢・正等覚者・明行足・善逝・世間解・無上士・調御丈夫・天人師・仏・世尊である〉と。マハーナーマよ、聖なる声聞が如来を随念する時、彼の心はまったく貪《とん》に所有されず、瞋《しん》に所有されず、痴《ち》に所有されず、彼の心は如来に依拠して質直となる。心が質直となった聖なる声聞は、義に関する智を獲得し、法に関する智を獲得し、法によって引き寄せられた悦を獲得する。悦を得た者には喜が生じ、喜意を得た者の身体は軽安《きょうあん》となり、身体が軽安となった者は楽を感受し、楽を得た者の心は集中する。マハーナーマよ、これが『聖なる声聞は不平等なる人々の中で平等を獲得し、害をなす人々の中で害をなさずに時を過ごし、法の流れに入って仏随念を修習《しゅじゅう》する』と言われる」（AN iii 285.3–18）

このように「仏随念」とは如来の十号を憶念《おくねん》することであることがわかる。では、これがパーリの論書でどう説かれているかを、ブッダゴーサが著した『清浄道論《しょうじょうどうろん》』を手がかりにみてみよう。ブッダゴーサは「仏に関して生起する随念が仏随念である。これは仏の徳を所縁《しょえん》とする念（buddhaguṇārammaṇāya satiyā）の同義語である」（Vis. 197.8–9）と前置きし、次のように「仏随念」を詳説する。

仏随念を修習しようとする、不壊浄《ふえじょう》を具足した行者は、適切な場所に閑居し禅思して、〈かの世尊は阿羅漢・正等覚者・明行足・善逝・世間解・無上士・調御丈夫・天人師・仏・世尊である〉と仏・世尊の諸徳を随念すべきである。その随念の方法は次の如し。〔すなわち〕〈かの世尊は阿羅漢・正等覚者・明行足・善逝・世間解・無上士・調御丈夫・天人師・仏・世尊である〉と随念する（Vis. 198.2–10）。

この後、阿羅漢から世尊までの各呼称が語源解釈などを交えて詳細に説明され、最後に仏随念の功徳が次のように説かれる。

その行者が〈各々の理由で、かの世尊は阿羅漢である。―乃至―各々の理由で、かの世尊は世尊である〉というように、仏の諸徳を随念すれば、そのとき、彼の心はまったく貪に所有されず、瞋に所有されず、痴に所有されず、彼の心は如来を所縁として質直となる。このように貪等の諸纏《しょてん》が滅することで〔五《ご》〕蓋《がい》を滅し、業処《ごっしょ》に面することによって心が質直となった彼に、仏徳に傾いた尋《じん》と伺《し》とが起こる。仏徳に随尋し、随伺すれば喜が生ずる。喜意があれば喜を足処とする軽安によって身心の不安は安息する。不安が安息すれば身心の楽が生じる。楽が生じれば、仏徳を所縁として心が集中する。こうして次第に一刹那《せつな》に〔五〕禅支《ぜんし》が生じる。しかし仏の諸徳は深遠であり、またさまざまな徳の随念に心が傾くので、安止定《あんじじょう》には達せず、近行定《ごんぎょうじょう》に達するのみの禅定《ぜんじょう》となる。これは仏徳を随念することによって生起するので、仏随念と言われるのである。

次に、この仏随念に励む比丘は、師を尊敬し、順敬し、信広大・念広大・慧広大・

福広大に至り、喜悦多く、恐怖や畏怖を征服し、苦に安住することができ、師と共住するという想を獲得し、また仏徳の随念が存在する彼の身体は塔廟《とうびょう》の如く供養《くよう》に値し、心は仏地に向かい、犯罪の起こるべき対象に接しては面前に師を見るが如く、彼に慚《ざん》愧《ぎ》が生起する。また上位に通達《つうだつ》しない者も来世は善趣《ぜんしゅ》に至る（Vis. 212.16–213.6）。

この内容の前半は先に引用した『増支部』の内容を敷衍したもので、ここでは念が禅定との関係で説かれているのも注目に値する。また後半は最初に見た『相応部』の用例を含みながら、その功徳を展開する形になっているが、ともかくパーリ仏典ではおおむね仏随念の「仏」の内容を「如来の十号」としていることが理解された。

このように、初期仏教の段階での仏随念は、本来「如来の十号」を随念するという観念的なものだったと考えられ、また念仏の功徳（念仏した結果、得られる果報《かほう》）は、恐怖の克服、善趣への再生、心の安定、智の獲得等であり、大乗仏教で説かれるような「見仏《けんぶつ》の果報」は、初期経典に関するかぎり説かれていない。しかし、仏随念（＝念仏）という行為そのものは、ここで見たように、初期経典にまで遡る古い古い行であることは確認された。

『天宮譬喩』

次に、伝統仏教の資料で仏随念がどう説かれているかをみていくが、ここでは説話文献の用例を考察する。まずは説一切有部《せついっさいうぶ》系の『天宮譬喩《てんぐうひゆ》』（三七編から成る説話集）をみてみよう。そこには、全部で一〇の例が確認できる。このうち一つは初期仏教以来の伝統を踏襲した三宝の随念の用例、二つは「ブッダの徳」を随念の対象とし、ブッダゴーサの注釈に説かれた考えに一致する用例、また四つは念の対象が観念的なものなのか視覚的イメージを伴ったものなのかが判断できない用例である。

しかし、それ以外の三つの用例は、明らかにその念の対象が視覚的イメージを伴ったものとなっている。まずは第二六章の用例を紹介しよう。ここではブッダによって「無相《むそう》の仏となる」と授記《じゅき》されたウパグプタは悪魔のマーラを調伏《じょうぶく》したが、ウパグプタは実際のブッダの姿を見たことがなかったので、自分が調伏したのをいいことにブッダの姿に変身するようマーラに強制し、マーラが変身したブッダの姿を見てうっとりするという話がみられるが、ここに問題の記述がある。

彼は仏を所縁とする念によって（buddhāvalambanayā smṛtyā）、〔マーラの化作《けさ》した姿に〕心惹かれ、〈私は〔真の〕仏・世尊を見ているのだ！〉と、実感するようになった（Divy. 361.27–28：平岡［2007b：68］）。

ここでは、念の対象が明らかに視覚的イメージを伴ったものであることがわかる。以下に紹介する二つの用例は、念の対象がBuddhaではなく、Tathāgataであるが、注目すべきは、「随念する（sam-anu √smṛ）」という動詞の前に置かれた「姿形という点から（ākārataḥ）」という副詞である。ここでは随念の対象である如来が視覚的イメージを内容とすることを明言しているからだ。ではその内容を紹介しよう。第一一章ではブッダに対して浄信《じょうしん》を生じて死没した牛に対し、ブッダが記別《きべつ》を与えるという授記物語が説かれているが、その締め括りとしてブッダは次のような教えをアーナンダに説く。

「実に如来たちに対して心を清浄にすることすら不可思議なる果報をもたらす。誓《せい》願《がん》〔の果報〕は言うに及ばぬ。ゆえにアーナンダよ、ここで次のように学び知らなければならない。すなわち『私は、最低、指を弾くほどの非常に短い一瞬一瞬といえども、如来を具体的な姿形という点から随念しよう（tathāgataṃ ākārataḥ samanusmariṣyāmi）』と。このようにアーナンダよ、お前たちは学び知るべきである」（Divy. 142.9–13：平岡［2007a：263］）

最後に第一五章の用例であるが、この話は、ブッダの髪爪塔《はつそうとう》を礼拝《らいはい》していた比丘に対し、世尊が記別を与えるというものだが、授記のきっかけとなったのは、その比丘の次のような行為である。

ちょうどそのとき、仏・世尊は独坐入禅《どくざにゅうぜん》された。そのとき、ある比丘が夕刻に、髪爪塔に全身を投げ出し、如来を姿形という点から随念しながら（tathāgataṃ ākārataḥ sam-anusmaran）、〈彼は世尊。如来・阿羅漢・正等覚者・明行足・善逝・世間解・無上士・調御丈夫・天人師・仏・世尊である〉と〔考えて〕心を浄らかにした（Divy. 196. 22-197.1：平岡［2007a：359］）。

ここでは「如来の十号」が列挙されているから、初期仏教以来の仏随念の流れを引き継いでいるが、しかしすでに述べたように、ākārataḥ という副詞が挿入されているから、その念の対象はブッダの視覚的な姿形を内容としていることがわかる。

以上、『天宮譬喩』の用例を紹介したが、ここでは初期仏教以来の伝統的な仏随念を踏襲している用例に加え、明らかにその念の内容が視覚的イメージを伴ったものに変化している用例も散見し、初期仏教の枠から一歩踏み出して新たな展開を見せている。ただ、その数は非常に少なく、その用例の大半は如来の十号や仏の功徳等、初期仏教以来の観念的なものを念の対象としており、また念仏の功徳として見仏が可能であるとする用例は見出せない。

『大事』

次に大衆部《だいしゅぶ》系の仏伝文献『大事』の用例を取りあげるが、ここでは実際の説話の中で仏随念が説かれることはほとんどない。しかし、『大事』には後ほど考察する大乗仏典所説の仏随念を考える上で極めて重要な「念（smṛti）」と「三昧《さんまい》（samādhi）」との密接な関係を示唆する用例が存在するので、それを紹介しよう。

本来、この両者は初期仏教から説かれている信・精進《しょうじん》・念・定・慧を内容とする「五根《ごこん》」や「五力《ごりき》」の中で併説され、その意味では当初から両者は密接な関係にあったが、『大事』ではさまざまな形で両者があわせて説かれるので、大乗仏典の念仏を考察する前にその用例を概観しておく。まずはカーティヤーヤナがカーシャパに諸仏の特性を説明する件を紹介するが、カーティヤーヤナは十八不共仏法《じゅうはちふぐうぶっぽう》を説明して次のように言う。

「仏眼《ぶつげん》とは何か。十八不共仏法がある。すなわち、①過去に関する如来の知見は妨げられない、②未来に関する〔如来の〕知見は妨げられない、③現在に関する〔如来の〕知見は妨げられない、④〔如来の〕一切の身業《しんごう》は智を先とし智に随転する、⑤〔如来の〕一切の語業《ごごう》は智を先とし智に随転する、⑥〔如来の〕一切の意業《いごう》は智を先とし智に随転する、⑦意志を損失しない、⑧精進を損失しない、⑨念を損失しない（nāsti smṛtiye hāni）、⑩三昧を損失しない（nāsti samādhīye hāni）、⑪智慧を損失しない、⑫解脱《げだつ》を損失しない、⑬躓かない、⑭喧騒がない、⑮念の喪失がない（nāsti muṣita-smṛtitā）、⑯心が集中しないことがない（nāsti asamāhitaṃ cittaṃ）、⑰熟慮せずに無関心になることがない、⑱〔衆生《しゅじょう》に〕多様性の想を持つことがない、である。この十八不共仏法に関する智が、仏眼と言われる」（Mv. i 160.7–16：平岡［2010a：104］）

傍線で示したように、ここでは二箇所で「念」と「三昧」とが並列して説かれている。続いては、ブッダが成道《じょうどう》前の菩薩《ぼさつ》であったとき、悪魔の誘惑に対して、自らの状態を描写する中に次のような記述がみられる。

「体は干上がり、胆汁、粘液、体液〔も枯渇す〕。今や、肉血も衰弱すべし。肉衰えれば、更に心は鎮まりて、念（smṛti）・精進・三昧（samādhi）も落ち着かん」（Mv. ii 239.3–6：平岡［2010a：444］）

またブッダ自身、弟子たちに対して菩薩の五種の微笑を説明する中でも両者は並列して説かれている。

「さて比丘たちよ、恐れず、脅えず、恐怖や恐れのない菩薩は、聖者としての五種の微笑を現じる。比丘たちよ、恐れず、脅えず、恐怖や恐れのない菩薩は、どのようにして聖者としての五種の微笑を現じるのか。すなわち、①意欲に基づく、②精進に基づく、③念（smṛti）に基づく、④三昧（samādhi）に基づく、⑤智慧に基づく〔微笑〕である。実に比丘たちよ、恐れず、脅えず、恐怖や恐れのない菩薩は、このように聖者としての五種の微笑を現じるのである」（Mv. ii 280.14–18：平岡［2010b：21–22］）

最後の用例はヤショーダの本生話にみられる。ここでは過去物語に独覚《どっかく》が登場するが、この独覚の形容句として次のような表現がみられる。

さて独覚バドリカは朝早く衣を身に着け、衣鉢を持つと、早くも遅くもない朝食の時間に、リシヴァダナからヴァーラーナシーに乞食《こつじき》に入った。彼は身・語・意を見事に制し、実に浄らかな体をし、念によって〔心を〕集中し、心は一点に集中し（smṛtiye samāhito ekāgracitto）、諸根を見事に制していたのである（Mv. iii 414.4-8：平岡［2010b：477］）。

以上から、念と三昧との密接なつながりは明白であり、また「念（対象を忘失しないこと）」は「心一境性《しんいつきょうしょう》」を内容とする「三昧」の根拠になっていることがわかる。

二　大乗経典

『文殊師利所説摩訶般若波羅蜜経』

ここでは、大乗仏典で念仏がいかに説かれているかを概観するが、大乗仏典所説の念仏の特徴は、それが「見仏」との関連で説かれることが多い点にある。では、念仏と見仏との関連に注目しながら、大乗仏典で説かれる念仏の用例を検討する。大乗経典には、念仏の内容を視覚的イメージに結び付けて説くものが多いが、まず最初に、その念の内容が視覚的イメージを伴わない初期仏教以来の念仏の伝統を踏襲している用例からみていこう。

一行三昧に入らんと欲せば、応に空閑に処し、諸の乱意を捨て、相貌を取らず、心を一仏に繋けて専ら名字を称すべし。仏の方所に随いて身を端し正しく向い、能く一仏に於いて念念に相続せば、即ち是の念の中に能く過去・未来・現在の諸仏を見る（T. 232, viii 731b1–5）。

ここでは傍線で示した如く、「相貌（姿形）」を取らないことを明言し、かつ仏の名字を称えることで見仏が可能であるとする。見仏という結果は同じでも、その方法はこれから紹介する大乗経典や論書のそれとは違っており、むしろ見仏を説く大乗仏典の中では特異な用例と言えよう。

〈般舟三昧経〉

大乗経典では、視覚（仏の姿形）と結びついた念仏が随処に説かれており、そのすべてをここで紹介することは紙幅の関係でできないが（詳細は桜部［1997］）、ここではとくに後代に大きな影響を及ぼした〈般舟三昧経《はんじゆざんまいきよう》〉に限って、その内容を紹介する。

本経の梵本は現存しないが、その原典名は本経の蔵訳から Pratyutpanna-buddha-sammukha-avasthita-samādhi-sūtra と推定され、「現在の諸仏が面前に現れる三昧」に関する経ということになる。この三昧を修すれば、目の前に諸仏が現れ、諸仏に見えることができると言う。この経典でも念仏による見仏（特に阿弥陀仏《あみだぶつ》）が可能であると説くので、その内容を紹介しよう。『般舟三昧経』（三巻本）ではブッダが菩薩バドラパーラに「般舟三昧」の内容を次のように説明する。

> 其れ比丘・比丘尼《びくに》・優婆塞《うばそく》・優婆夷《うばい》有り。戒を持して完具し、独り一処に止まり、心に西方の阿弥陀仏、今現在するを念じ、聞く所に随いて当に念ずべし。是の間を去ること千億万仏刹にして、其れを須摩《しゆま》提《だい》と名づく。衆の菩薩の中央に在りて経を説く。一切常に阿弥陀仏を念ず。（中略）若しくは沙門《しやもん》、白衣の所にて西方の阿弥陀仏刹を聞き、当に彼方の仏を念ず。戒を欠くことを得ず。一心に念ずること、若しくは一昼夜。若しくは七日七夜、七日を過ぎて以後、阿弥陀仏を見る。覚《うつつ》に於いて見ずとも、夢中に於いて之を見る（T. 418, xiii 905a6–17）。

このような念を継続すれば、最終的には覚醒したままで阿弥陀仏に見えることができ、それができない場合は夢中での見仏が可能であるとする。これから判断すれば、夢中の見仏よりも覚醒時の見仏の方に価値が置かれているようだ。

さて、ここで問題としている念の内容だが、蔵訳は明らかに視覚化されたものになっているることがわかるものの（林［1994：19–20］）、漢訳で説かれる念の内容は、初期仏教以来の観念的なものか、あるいは視覚化されたものなのかは判断しづらい。そこで念仏の内容を説明する別の箇所をみてみよう。ここでは阿弥陀仏自身が菩薩に念仏による往生《おうじょう》を説き、これを受けて仏陀《ブッダ》が念仏の内容を敷衍する箇所があるが、『般舟三昧経』（三巻本）ではそこに次のような記述がみられる。

阿弥陀仏、是の菩薩に語りて言く「我が国に来生《らいしょう》せんと欲せば、常に我を念ずること数数にして、常に当に念を守りて(a)休息有ること莫かるべし。是の如くせば、我国に来生するを得」。仏の言く「是の菩薩、是の念仏を用うるが故に。当に阿弥陀仏国に生ずるを得べし。常に当に是の如く仏身に三十二相有りて悉く具足し、光明は徹照し、端正無比にして比丘の僧中に在りて経を説くことを念ずべし(b)（Ibid. 905b11–16）。

傍線（a）で示したように、阿弥陀仏は念仏の内容に関しては何も触れていないが、それを受けたブッダの説明では、傍線（b）で示したように、その念の内容が視覚的なイメージと結びついていることは明白であり、これは『抜陂菩薩経《はつばぼさつきょう》』でも『大方等大集経賢護分《だいほうどうだいじつきょうげんごぶん》』でも同じである。ところが、『般舟三昧経』（一巻本）の相当箇所は次のようになっている。

阿弥陀仏、報いて言く。「来生せんと欲する者は、当に我が名を念ずべし。休息有ること莫くば、則ち来生するを得」。仏、言く。「専ら念ずるが故に往生するを得。常に仏身《ぶつしん》に三十二相八十種好《さんじゆうにそうはちじつしゆごう》有りて、巨億の光明《こうみよう》は徹照し、端正無比にして菩薩の僧中に在りて法を説くを念ず」（T. 417, xiii 899a29–b3）

ここでのブッダの敷衍の仕方は『般舟三昧経』（三巻本）と同じだが、傍線で示したように、阿弥陀仏は「当に我が名を念ずべし」と述べ、念仏の内容を観念的なものとする。ここに相当する蔵訳は、漢訳ではブッダが敷衍した念仏の内容も阿弥陀仏自身によって説かれており、構造的に若干の相違がみられるが、その内容は基本的に同じである（林［1994：23］）。これらの用例から、〈般舟三昧経〉所説の念の内容は、〝観念的〟というよりは〝視覚的〟な色彩が濃い。この経典が般舟三昧を獲得する方法として仏像を観想《かんそう》するという「観像」を説いていることも、その傍証として指摘できよう。

さて念仏と観像との関係に関して高田［1967：425-434］は、大乗思想の展開や見仏（あるいは「観仏《かんぶつ》」）思想の発達によって仏像がインドに出現したのではなく、造像の一般化しつつあった時代環境の中で仏像が観仏の一手段として用いられていったことを論証している。高田は三昧経類の用例を中心に観仏と観像との関係を考察し、「観仏の前提としての観像であったことが知られる」、「観仏を習行するにあたり、まず仏像を熟視観察したのち、静処にあって仏の相好《そうごう》を観ずるのが、その初歩階梯であった」、「観像は像を縁としてより高次の観仏に入るための第一階梯であった」等と指摘する。ともかく観像を用いた念仏の内容は、具体的な仏の視覚的イメージと言えよう。

ともかく、本経における極楽往生《ごくらくおうじょう》の方法は、般舟三昧（思念）による見仏と、その見仏に基づく念仏であり、この場合の念仏は、阿弥陀仏の諸徳と姿形を念ずることであるから観想念仏に相当する。観想念仏するには、まず観想の対象となる仏を見ること（見仏体験）が必要であり、そのためには般舟三昧の修得が不可欠となる。見たこともないものを観想の対象にはできないからだ（吹田［2016］）。

三　浄土三部経

〈無量寿経〉

では最後に、藤田［2007］によりながら、浄土三部経にみられる念仏思想をまとめておく。まずは〈無量寿経《むりょうじゅきょう》〉の念仏思想から。中国の浄土教以降、念仏往生の根拠が〈無量寿経〉第十八願にあることは周知の事実である。確かに漢訳をみれば「乃至十念」という表現がみられ、ここに念仏往生の根拠が求められているのも理解できる。ではまず、漢訳『無量寿経（大経）』所説の第十八願の内容を確認してみよう。

設し我、仏を得たらんに、十方の衆生、至心《ししん》に信楽《しんぎょう》して、わが国に生まれんと欲して、乃至十念せん。若し生ぜずんば、正覚《しょうがく》を取らじ。唯だ五逆《ごぎゃく》と誹謗正法《ひぼうしょうぼう》とを除く（T. 360, xii 268a26–28）。

確かに『無量寿経』には往生の根拠として「十念」が説かれているが、これはいわゆる

「念仏」ではないことに注意する必要がある。というのも原典の〈無量寿経〉には次のように説かれているからだ（梵本では第十九願に相当）。

もしも私が覚りを開いたとき、十方の衆生が私の名前を聞いて極楽に心をかけ、諸々の善根《ぜんこん》を極楽往生に差し向け、〈極楽に往生したいという〉心を十回起こすことによってでも（antaśo daśabhiś cittotpādaparivartaiḥ）、私の国に往生しないようであったなら、その間、私は無上正等菩提《むじょうしょうとうぼだい》を正等覚しないであろう。ただし、五逆と誹謗正法の者は除く（L-Sukh. 14.2–8）。

これに相当する蔵訳も「たとえ心を起こすこと十回によってでも（tha na sems bskyed pa'i 'gyur ba bcus）」とし、梵本に一致する。つまり漢訳の「十念」は「往生したいという心を十回起こすこと」を意味し、「念仏」とは無関係である。では〈無量寿経〉に念仏が説かれていないかというと、そうではない。この第十八願の直前の第十七願に相当する梵本の第十八願は、「澄み切った心で私を随念するとして（prasannacittā mām anusmareyus）」とし、「私（仏）を随念する（anu √smṛ）」ことが説かれている（『無量寿経』の第十七願には対応箇所なし）。

初期無量寿経の『大阿弥陀経』第七願は「一心に念じて我が国に生まれんと欲し」、また『平等覚経』第十八願は「常に我を念じて心を浄潔せんに」とし、念仏思想は初期無量寿経の段階ですでに説かれてはいたが、それは「十念」とは思想基盤を異にするものであることに注意しなければならない。〈無量寿経〉の後半には、法蔵菩薩《ほうぞうぼさつ》の誓願が成就したことを説明する箇所（成就文）があるが、そこでは次のような表現がみられる。『無量寿経』と、ここに相当する梵本の内容をあわせて紹介しよう。

漢訳：あらゆる衆生、其の名号《みようごう》を聞き、信心歓喜《しんじんかんぎ》して乃至一念せん。至心に回向《えこう》して彼の国に生まれんと願わば、即ち往生を得て不退転に住す。唯だ五逆と誹謗正法とを除く（T. 360, xii 272b11–14）。

梵本：およそいかなる衆生でも、かの世尊アミターバ如来の名前を聞き、聞き終わって、たとえ一たび心を起こすだけでも（antaśa ekacittotpādam apy adhyāśayena prasādasahagatena cittam utpādayanti）、浄信にともなわれた深い志向をもって心を起こすならば、無上なる正等覚より退転しない状態に安住する（L-Sukh. 42.4-8）。

ここでは誓願文の「乃至十念」が「乃至一念」に変わっているが、これは数の少なさを象徴的に表現したものであるから、思想的な相違があるわけではない。むしろポイントは、誓願文でも成就文でも往生の根拠が「念仏」ではなく「往生したいという心を十回起こすこと」と説かれている点だ。念仏思想は〈無量寿経〉でも説かれてはいるが、従来、念仏往生の根拠とされてきた第十八願の「十念」は「念仏」と直接関係がない。

では阿弥陀仏の住む極楽世界に往生する者を上中下の三種類に分けて説明する箇所（三《さん》輩段《ぱいだん》）に注目してみよう。ここで念仏と見仏との結びつきが説かれる。この経典も時代によって五つの異なった漢訳が現存し、また梵本も伝わっているので、ここでは最古の漢訳である『大阿弥陀経』と梵本の内容を紹介する。

漢訳

（上輩）至誠に願じて阿弥陀仏国に往生せんと欲し、常に至心に念じて断絶せざる者、其の人は便ち今世に於いて道を求むる時、即ち自然に其の臥止に於いて夢中に阿弥陀仏及び諸菩薩・阿羅漢を見る。其の人、寿命終らんと欲する時、阿弥陀仏は即ち自ら諸菩薩・阿羅漢と共に翻飛行して之を迎え、則ち阿弥陀仏国に往生し、（中略）

（中輩）阿弥陀仏国に往生せんと欲し、一日一夜断絶せざる者、其の人は便ち今世に於いて亦た復た臥止に於いて夢中に阿弥陀仏を見る。其の人、寿命終らんと欲する時、

阿弥陀仏は即ち其の人をして目に自ら阿弥陀仏及び其の国土を見せしむ。（中略）
（下輩）当に一心に念じて阿弥陀仏国に往生せんと欲し、昼夜十日断絶せざる者、寿命の終りて即ち阿弥陀仏国に往生す（T. 362, xii 310a1–c16）。

梵本

（上輩）およそいかなる衆生たちも、かの如来を姿形という点から（ākārataḥ）何度も何度も思念し、多くの無量の善根を植え、菩提に心を向け、かの世界に生まれ変わりたいと誓願するならば、かのアミターバ如来・阿羅漢・正等覚者は、彼らの臨終が近づいた時に、多くの比丘の集団に取り囲まれ、尊敬されながら、〔彼らの前に〕立つであろう。それから彼らはかの世尊を見て心を浄らかにし、まさしくかの極楽世界に生まれ変わるであろう。

（中輩）またかの如来を多くは思念せず、また多くの無量の善根を植えはしないが、かの仏国土《ぶつこくど》に心を掛ける者たちは、色・姿・背丈・幅の点でも、比丘の僧伽《そうぎゃ》に取り囲まれているという点でも、かのアミターバ如来・阿羅漢・正等覚者とまったく同じ化仏が、彼らが臨終を迎えた時に〔彼らの〕前に立つであろう。彼らはまさに如来を見て〔心が〕浄らかになることに基づく三昧によって、念を失うことなく死没して、まさしくかの仏国土に生まれるであろう。

（下輩）衆生たちの中で、十回心を起こしてかの如来を随念し、（中略）たとえ一回でも心を起こしてかの如来を思念し、かの仏国土に対して願望を起こすならば、彼らもまた夢の中でかのアミターバ如来を見て極楽世界に生まれるであろう（L-Sukh. 42.9–43.12）。

ここでは、㈠念の内容がいかなるものか、㈡念仏による見仏がいつ可能なのか、という二点に注目してこの用例を考察してみたい。漢訳では、その念仏の内容が仏の名号等を念ずるのか、視覚的イメージを念ずるのかは文脈からは判断できない。また見仏の時期について、上輩者と中輩者は覚醒時あるいは夢中に見仏が可能であるとするが、下輩の者についてはこの点が言及されていない。一方、梵本では上輩者の箇所でしか説かれていなかったが、傍線で示したように、念の内容が明らかに視覚的イメージを伴っており、すでに『天宮譬喩』の用例にもみられた「姿形という点から（ākārataḥ）」という、まったく同じ副詞が用いられている点は注目してよい。

また見仏の時期も、梵本では臨終時に可能とし、漢訳とは大きな違いを見せる。また漢訳では下輩者の見仏は説かれていなかったが、梵本では夢中の見仏が可能とする。ただし上輩者・中輩者で臨終見仏が説かれ、下輩者で夢中見仏が説かれていることからすれば、夢中見仏は臨終見仏よりも価値的に劣った見仏の方法ということになろう。

〈阿弥陀経〉

〈阿弥陀経〉の念仏思想はまず極楽世界の荘厳を説明する依報段《えほうだん》において、次のように説かれる。

彼の国には常に種種の奇妙なる雑色の鳥あり。白鵠《びやくこう》・孔雀《くじやく》・鸚鵡《おうむ》・舎利《しやり》・迦陵頻伽《かりようびんが》・共命《ぐみよう》の鳥なり。この諸衆の鳥、昼夜六時に和雅の音を出す。其の音は、五根・五力・七菩提分・八聖道分《はつしようどうぶん》、是の如き等の法を演暢す。其の土の衆生は是の音を聞き已りて、皆悉く仏を念じ、法を念じ、僧を念ず（T. 366, xii 347a12–16）。

傍線部に相当するSkt. は「仏を作意《さい》し（buddhamanasikāra）」とする。またこの直後にも念仏に関する言及があるので、確認してみよう。

彼の仏国土には微風吹動し、諸の宝行樹《ほうごうじゆ》及び宝羅網《ほうらもう》は微妙の音を出す。譬えば、百千種の楽を同時に倶作するが如し。この音を聞く者は、皆自然に念仏・念法・念僧の心を生ず（Ibid. 347a21–23）。

ここも梵本を確認すると、「仏を随念し（buddhānusmṛti）」とし、羅什《らじゅう》の漢訳では同じ「念」の訳語を用いる。原語は前者がmanasikāra、後者がanusmṛtiと異なるが、両者はほぼ同じ意味で用いられるので、大差はない。というのも、両者はいずれも〈倶舎論〉で大《だい》地法《じほう》（最も普遍的な心作用）に分類され、念は「記憶作用」、作意は「対象に注意を向けること」と定義されているからだ。以上はすでに極楽浄土に往生した衆生の所行を述べたものだが、ではこの娑婆《しゃば》世界の衆生にとって、念仏はどのように説かれているかをみてみよう。該当箇所は次のとおり。

漢訳：若し善男子・善女人有りて、阿弥陀仏を説くことを聞き、名号を執持するに、若しくは一日、若しくは二日、（中略）若しくは七日、一心不乱ならば、其の人命終わる時に臨んで、阿弥陀仏は諸の聖衆《しょうじゅ》と其の前に現在す。其の人終わる時、心は顚倒せず、即ち阿弥陀仏の極楽国土に往生することを得ん（Ibid. 347b10–15）。

梵本：もしも良家の男性あるいは女性がいて、かの世尊アミターユス如来の名を聞き、聞いて作意し（manasikariṣyati）、あるいは一夜、あるいは二夜、（中略）あるいは七夜、心を散乱させずに作意するならば（manasikarisyati）、その良家の男性あるいは女性の臨終のとき、かのアミターユス如来は声聞たちに取り囲まれ、菩薩たちに先だって、かの臨終者の前に立つであろう。彼は心を顚倒させることなく死ぬであろう。その人は死んでから、かのアミターユス如来の極楽世界に生まれるであろう（S-Sukh. 96.11-19）。

ここでは「阿弥陀仏の名前を作意すること（＝注意を向けること）」による往生が説かれているが、作意の対象となるのは「阿弥陀仏の名号（名前）」であり、「称名《しょうみょう》（阿弥陀仏の名前を称えること）」ではないことを確認しておこう。

『観無量寿経』

では浄土三部経の最後として、『観無量寿経《かんむりょうじゅきょう》（観経）』の念仏思想をみておこう。『観無量寿経』は、〈無量寿経〉で説かれていた三輩段（上・中・下の三品《ほん》）をそれぞれさらに三段階（上・中・下の三生）に分解し、全部で九段階の往生法を説くが（九品）、その最下位に位置する下品下生段に次のような記述がみられる。

此の如き愚人、命終の時に臨んで、善知識《ぜんちしき》の種種に安慰して、為に妙法を説き、教えて仏を念ぜしむるに遇わん。彼の人、苦に逼《せめ》られて仏を念ずるに遑《いとま》あらず。善友、告げて言う、「汝、若し念ずること能わざれば、応に無量寿仏を帰命《きみょう》して称うべし」と。是の如く、至心に声をして絶えざらしめ、十念を具足して「南無阿弥陀仏《なむあみだぶつ》」と称えしむ。仏の名を称うるが故に、念念の中に八十億劫《こう》の生死の罪を除く（T. 365, xii 346a15–20）。

ここでは念仏できない者のために、称名を勧めており、両者の接近がみられるが、「念仏できなければ称名すべし」と説いているのであるから、両者はあくまで別物である。ここだけみれば「念の対象」が何なのかは判断できないが、すくなくとも、ここでの念仏が「南無阿弥陀仏」と声に出して称える行でないことは確認できよう。

さてこれとは別に、『観無量寿経』には「念仏三昧」という用法が二つ確認できる。漢訳から単純に還梵すれば、buddhānusmṛti-samādhi なる語が想定されるが、残念ながらこのような用例は梵語仏典には確認できない。藤田によれば、単に buddhānusmṛti とあるのを漢訳者が「念仏三昧」と、原典にはない「三昧」を付加して訳す例が多く、その内容も見仏または観仏を指していると言う。

桜部［1997］もこの語に注目しているが、buddhānusmṛti-samādhi に相当する蔵語 sangs rgyas rjes su dran pa'i ting nge 'dzin は『大方等大集経』巻四三に相当する蔵訳に二回現れるだけで、「念仏三昧」と漢訳される蔵訳の相当箇所は sangs rgyas rjes su dran pa（=buddhānu-smṛti）である。そしてその念仏三昧の内容がほとんど「般舟三昧」と変わらない場合も希ではないと言う。

おそらく「念仏」と「三昧」の結びつきは、二つの行そのものが持つ性質の近さにある。つまり、念仏の対象が仏の抽象的な徳であれ、具体的な姿形であれ、念仏している者の心は集中しているはずであり、三昧（心一境性）の境地になるのは必然であるからだ。よって、「念仏三昧」は、それに相当する原語が存在しなくても、「念仏はその本質において三昧である」と桜部は指摘する。「三昧」を付加することで、念仏の特性をさらに明確にしたとみて大過ない。

では、ここまでの念仏の進化をまとめておこう。念仏思想の祖型は、三宝（仏・法・僧）のうち、「仏を念ずること」に求めることができる。後にこれは「六随念」として体系化されていくが、ともかく最初期の念仏の「念」の対象は「如来の十号」であった。それが時代の経過とともに、念の対象が「具体的な仏の姿形」へと発展していく。この背景には仏像の誕生なども視野に入れる必要があるが、ともかく、伝統的な念仏から仏の姿形等を念ずる「観想念仏」が派生し、この流れは般舟三昧へと継承されていくことになる。これを図示すると、次のとおり。

【ステージ1】

・念仏 → 伝統的念仏（六随念〔三宝を含む〕）
　　　 → 観想念仏 → 般舟三昧

これ以降、考察を進めるたびに、この系図に新たな念仏の進化を加えていくが、次章では念仏とは本来、系統の違う「称名」を扱うので、第二章の終わりでは称名の系統のみを整理した図（ステージ2）を示す。そして第三章で、善導《ぜんどう》の「念仏＝称名（念声〔称〕是一）」の解釈をもって、ステージ1とステージ2は合体し、ステージ3の図となる。

第二章　称名の進化

一　南無仏の起源

ヴェーダ時代

仏教の用例を考察するに先立ち、仏教以前の称名《しょうみょう》思想について概観しておく。というのも、「神の名前を称える」という行為は、古くヴェーダ時代に遡って確認できるからである。中村［1989］を参考にしながら、その内容を紹介しよう。

神を礼拝《らいはい》することは namas と言われる。「南無阿弥陀仏《なむあみだぶつ》」の「南無」と音写される原語である。これは名詞であり、その動詞形〈nam は「屈する／屈める」の意であるから、「上半身を屈し、頭を下げる」動作を指し、したがって「敬礼／服従」を意味することになる。仏典では「南無」と音写されることもあるが、「帰命《きみょう》」と訳されることもある。また namas と動詞の√kṛ（作す）を合成し、namas √kṛ（敬礼する）、あるいはその名詞形 namaskāra という用法も仏典には存在するが、この語形は『リグ・ヴェーダ』には確認できないと言う。

それはさておき、この namas はバラモン教の最古の聖典『リグ・ヴェーダ』に頻出し、「神」を敬礼するという意味でよく用いられるが、「人（聖仙）」や「祖霊」に対しても使用可能であり、当時のアーリア人は優れた人に対するような気持ちで神々に対していたと中村は指摘する。このように、namas の対象は「神」にとどまらず、人や祖霊にも及んでいた理由として、中村は「神の存在の内奥にも、人の存在の内奥にも、アートマンを見出して、それを拝むという後代のインド一般の思想が予示されているのである。また仏を礼拝するのも、人を礼拝するのも、本質においては同じであるという仏教の見解もここに胚胎している」と言う。

現代でもインドの挨拶は「ナマステー（namas te）」である。直訳すれば「あなたに（te）敬礼する（namas）」であるが、namas の対象はまさに一般人をも含みうる。そしてこの感覚で、古代のインド人は神に向かって二人称代名詞「あなた（tvam）」をもって呼びかけたようだが、仏教ではブッダに対し、二人称で呼びかけることはない。仏典では丁寧な命令形の場合、動詞の語尾は三人称を用いるか、あるいは二人称代名詞を使うにしても、

bhavatという尊称を用いるのが普通である。
ではそのような称名には、どのような功徳《くどく》があると仏教以前のインドでは考えられていたのであろうか。『リグ・ヴェーダ』の中に、「我ら死すべき者どもは、不死《ふし》なるあなたの多くの名を思いつづけます。言葉に巧みなる我らは、ジャータヴェーダスなるあなたの名を」（Ṛ.V viii 11-5）という、アグニ神に対する讃歌がある。そして「神の名を思いつづける」という実践が昂揚すると、神の名を口に出して称えるという行に結実することになる。たとえば、マルト（風神）群神に対する呼びかけは次のとおりである。

「激しく迫る者であるあなた方（風神）の愛しき名を私は呼ぶ。風神たちが〔ソーマ神酒に〕満足して音を立てるように」（Ṛ.V vii 56-10）

神の秘密の名には不思議な呪力がこもっていて、それを称えると功徳があると考えられていたようだ。後に考察するが、インドには伝統的に神（あるいは超越的存在）の「名前」が単なる名称ではなく、「呪力」を持つ実体としてとらえる伝統があり、密教の出現を待たずとも、初期経典にさえ、そのような用法が確認できるのである。さて中村は、インドラの讃歌にある記述に注目する。

それになれている彼（インドラ）に、この人類は〔かの名を与えた〕。彼は「恩恵を垂れる者」という、称えられるべき名（kīrtenyam nāma）を保ち、金剛杵《こんごうしょ》をもって悪魔ダスィユを殺すために赴き、「栄ある子息」という名を得たのだが（RV i 103-4）。

この「称えられるべき名」は、〈無量寿経《むりょうじゅきょう》〉第十七願「諸仏称揚願」にみられる表現と近似しているからだ。漢訳は「設し我仏を得んとき、十方世界《じっぽうせかい》の無量の諸仏、悉く咨嗟して我が名を称えずんば、正覚《しょうがく》を取らじ」（T. 360, xii 268a24-25）とするが、傍線部の原典には nāmadheyam parikīrtayeyur とあり、表現は共通している。浄土教《じょうどきょう》といえば、特異な思想のように思われるかも知れないが、同じインドに出現した思想であるから、仏教興起以前のインド思想と共通する部分も少なくない。

仏教の三帰依

ではこれを踏まえ、仏教における称名（南無仏）の起源を初期経典中に探索してみよう。初期経典もその成立はさまざまであり、一般的には散文より韻文の方が古いとされるが、その中でも『経集』は古層に属する韻文経典である。その中に、修行者サビヤとブッダとの会話が収められている。さまざまな疑念を抱いたサビヤは六師外道《ろくしげどう》に問いを投げかけたが、誰も満足のいく答えを返してくれなかった。そこで彼はブッダのもとに赴き、同じ問いをぶつけると、それに対してブッダは見事に答えたので、サビヤは感動してさまざまに喜びを表現するが、その中に次のような表現がみられる。

「人々の中で最も高貴なお方よ、あなたに帰依いたします。人々の中で最高のお方よ、あなたに帰依いたします（namo te purisājañña namo te purisuttama）。神々を含めて、あなたに匹敵する者は誰もいません」（Sn 544）

この他にも初期経典中、「南無仏」の用例は「ウダーナ（感動的に自然に発せられる言葉）」として、「かの世尊《せそん》・阿羅漢《あらかん》・正等覚者《しょうとうがくしゃ》に帰命いたします（namo tassa bhagavato arahato sammāsambuddhassa）」と表現される。通常これは三回発せられ（三称）、またこれを称えるのはすべて在家者《ざいけしゃ》であることも特徴的だ。ただし、初期経典におけるウダーナは、それを発することで何らかの功徳があるとは明記されていない。

そしてこのウダーナは、仏教入信儀礼である「三（宝）帰依《きえ》」へと体系化されていく。つまり、仏・法・僧の三宝《さんぼう》に帰依を表明することが仏教徒になるための入信儀礼となる。

仏教の歴史は二五〇〇年に及び、その地域もアジアを中心に今では世界に拡がる宗教となったが、時代や地域は違えども、この三帰依の表明は仏教入信儀礼として今でも息づいている。たとえば、『経集』では次のように説かれる。

「この私は世尊ゴータマ様と法と比丘《びく》の僧伽《そうぎや》とに帰依いたします（bhavantaṃ gotamaṃ saraṇaṃ gacchāmi dhammañ ca bhikkhusaṃghañ ca）。ゴータマ様は私を在俗信者として受け入れて下さい。今日以降、命が終わるまで帰依いたします」（Sn 24.22–25.3）

ここでは「帰依」にあたる表現として、saraṇaṃ √gam を用い、namas（namo）ではないが、両者はほぼ同じ意味で用いられているとみてよかろう。たとえば『経集』の三つの偈（236–238）のd句では、「仏に帰依いたします。（中略）法に帰依いたします。（中略）僧伽に帰依いたします（buddhaṃ namassāma ... dhammaṃ namassāma ... saṃghaṃ namassāma）」と説かれているからだ。ここでは namas という名詞ではないが、√nam という動詞形が用いられているので、意味内容は namas と同じである。

二帰依の伝承

三帰依に関連し、二帰依の伝承も存在するので考察を加えておく。二帰依とは最後の僧帰依を欠いた帰依である。つまり仏と法とに帰依することを意味するが、『パーリ律蔵《りつぞう》』「大品《だいほん》」によれば、僧伽が成立する前、つまり成道《じょうどう》直後、ブッダが五比丘に説法《せっぽう》する以前、タプッサとバッリカという二人の商人がブッダに帰依し供養《くよう》を捧げたと言う。問題の箇所は次のとおり。

そこで、二人の商人タプッサとバッリカは、世尊が食事を終え、鉢と手を洗われたのを知ると、世尊の両足を頭に頂いて礼拝し、世尊にこう申し上げた。「大徳《だいとく》よ、こうして我々は世尊と法とに帰依いたします。世尊よ、我々を在家信者として受け入れて下さい。今日から死ぬまで、帰依いたします」と。
彼らは、この世ではじめて二帰依を称えた在家信者であった（Vin. i 4.aa–bb）。

この時点で僧伽は成立していないので二帰依は当然だが、歴史的に二帰依が先に存在し、それに基づいて三帰依が後に成立したのではない。むしろ順番は逆だ。おそらく、三帰依が入信儀礼として定型化するのは、教団が成立してしばらく経ってからのことであり、それよりも先にタプッサとバッリカがブッダに帰依し供養した話があった。後世、三帰依が入信儀礼として定型化してから、このタプッサとバッリカの話をみると、入信儀礼の常套句を付加したくなるが、この時点で僧伽は存在していない。そこで苦肉の策として、「二帰依」という表現を採らざるを得なかったのであろう。

『パーリ律蔵』「大品」よりも成立が遅いと考えられ、また説話の内容も極度に発達している根本有部律の相当箇所を確認してみると、ブッダと二商人との間で次のような会話が交わされている。

そのとき、世尊はトラプシャとバッリカの二人の商人にこう言った。「お前たち二人は仏に帰依し、法に帰依せよ。そしてまた来世に現れるであろう僧にも帰依せよ」と。「大徳よ、我々二人は仏に帰依し、法に帰依いたします。そしてまた来世に現れるであろう僧にも帰依いたします」（SBhV 124.4–11）

ブッダといえども、この時点で僧伽の成立を予測することは不可能であろうが、「入信儀礼は三帰依」という原則を死守するためには、三帰依との辻褄を合わせて、傍線のような文言を付加せざるをえないのである。このように、仏典は書き改められていく。このほかにも初期経典には「二帰依」の用例も散見するが、ではなぜ「仏」と「法」の順番は「仏」が先で「法」が後なのか。理念的には「法」が先行するはずなのに、二帰依および三帰依では、必ず「法」よりも「仏」が先行する。その理由を考えてみよう。

法に仏が先行する理由

これについては、平岡〔2015〕に基づき、内容を紹介する。確かに理念的には法が仏の上位に位置するが、その法も仏によって覚られ、言葉として説かれなければ、我々が認識することはできない。この意味では、仏が法に劣ることはなく、それ以上とも言える。たとえば三宝の順番をみれば、法よりも先に仏が置かれている。本来、法が仏の上位概念であるにもかかわらず、三宝においては、なぜ仏と法の地位が逆転するのか。この問題を考察した三枝〔1999：87–101〕の所論に耳を傾けてみよう。

三枝は初期経典の用例を渉猟し、「仏が先で、法が後」という順番は常に不動であり、一定であることを確認する。では、なぜこの順番なのか。三枝は、初転法輪《しょてんぼうりん》（ブッダの最初の説法）の場面に注目する。ブッダが最初に説法したのは、苦行時代の五人の修行者だった。ブッダは最初、禅定《ぜんじょう》の師匠であったアーラーダ仙とウドラカ仙に説法しようとしたが、二人とも他界しているのを知ると、その対象を五人の修行者に変えた。そして彼らが住むサールナートに向かい、彼らに説法しようとする。

最初は無視を決め込んでいた五人の修行者だったが、そこに現れたのは、苦行を放棄した人間ではなく、真理に目覚めてブッダとなった人間だった。その威光におされた彼らは思わず立ち上がり、ブッダを恭しく迎える。そしてそのブッダから法を聞き、彼らも真理に目覚めた。つまり、五人の修行者からすれば、ブッダとの出会いが先であり、彼の口から流れ出た法に触れるのは、その後である。三枝は指摘する。

しかもこのダンマ(=ダルマ)は、ブッダという特定の個人のいわば人格そのものに裏づけられており、そのブッダ個人を除いては、このダンマそのものは出現し得なかった。すでに存在していたはずのダンマの自己開陳では決してなかった。このダンマはブッダという個人―人格を通してこそ、ダンマであり得た、ダンマとなり得た、といっても過言ではない(三枝[1999:99])。

このように理念的には法が仏に先行するが、五人の修行者にとっては、ブッダという人格が先にあり、その後にダルマが現前したことになるので、教えを受ける仏教徒の目線に立てば、三宝の順番は仏が法に先んじていると三枝は推定する。この意味では、法なくして仏は存在し得ないし、仏なくして法は我々に知り得ないので、車の両輪のごとく、両者は存在するということになろう。ただ信仰の場面においては、仏を重視する立場もあれば、法を重視する立場もある。

それはともかく、ウダーナの中に「南無仏」の起源を求めることができ、それは後に「三帰依／三帰依」として定型化していくが、これはまさに「仏に帰依いたします」と声に出して称える行為を意味するので、称名の起源と考えることができる。

念仏と称名との接近

法然《ほうねん》以降、特に称名念仏は「往生《おうじょう》を可能にする行」として市民権を得ていくが、では古代インドにおいて「称名の功徳」はどのように考えられていたのか。ヴェーダ時代には功徳があるとされた称名だが、初期経典で説かれるウダーナでは、その功徳の有無が明記されていなかった。しかし、やや遅れて成立したパーリ聖典では、称名の功徳が説かれるようになる。しかもそれらの用例では念仏と称名が距離を一気に縮め、ほぼ同時に行われるようである。

では、称名念仏はどうか。中国の善導《ぜんどう》は『無量寿経』の〝十念〟を〝十声〟と解釈し、その流れを承けた法然は「念声是一《ねんしょうぜいっ》」を唱えたが、残念ながら称名念仏の起源をインドに求めることはできない。しかし、〝念〟と〝称〟が結びつく可能性はインドにあったと藤田は指摘する。まずは『相応部』の記述に注目してみよう。

チャンディマー王子はアスラ王ラーフに捕らえられた。そこでチャンディマー王子は世尊を随念（仏随念）しつつ、この偈を称えた。『勇者たるブッダよ、貴殿に帰依せん（南無仏）。貴殿はあらゆる点で解脱《げだつ》す。我は艱難に陥れり。我がために、帰依の拠処となられんことを』と（SN i 50.17–21）。

ここでは「仏随念という意業《いごう》」と「南無仏という口業《くごう》」は同時に行われ、両者の相即性が認められる。この後、ブッダはアスラ王にチャンディマー王子を解放するように伝えると、アスラ王は王子を解放し、世尊のもとに詣でて、「もしも王子を解放しなければ、私の頭は七つに割れ、生きては楽を得られない」と考えて王子を解放したことを告げる。よって、念仏と称名は危機を回避する力を持っていることが理解されよう。

次に、『譬喩経』の用例に注目する。ここでは、航海の途中で巨大な怪魚に遭遇した商人たちの話がみられる。ここでの語り手は怪魚だが、「商人たちは、私を見て恐怖し、最勝《さいしょう》の仏を随念した。『ゴータマよ！』と彼らが大声を上げるのを聞いて（後略）」（Ap.

430.19–20）とあり、念仏の内容が称名として示される。

この後の経緯について『譬喩経』は何も語らないが、これと同工異曲の説話が、『天宮譬喩《てんぐうひゆ》』にみられるので、紹介しよう。この第一八章に同じ内容の話がみられる（平岡［2007a：424–468］）。主人公ダルマルチは、過去の悪業により怪魚ティミンギラに再生し、船に乗って大海を渡る商人たちを呑み込もうとしていた。そのとき、商人たちはバラモン教の神々に祈願したが、効果はなかった。そこで、同乗の仏教在家信者が、「皆、我々はこの死の恐怖からまったく逃れられそうにない。我々は全員死ぬに違いない。しかし全員で声を合わせて『仏に帰命す（南無仏）』と叫ぼうではないか。どうせ死ぬなら、仏を念の対象として死のう（namo buddhāyeti vadāmaṃ/ sati maraṇe buddhāvalambanayā smṛtyā kālaṃ kariṣyāmaḥ：Divy. 232.7–8）。善趣《ぜんしゅ》に行けるかもしれぬ」と提案した。

彼らが声を合わせて「仏に帰命す（南無仏）」と称えると、その声がジェータ林に留まっていたブッダに届き、その声をティミンギラに聞こえるように加持《かじ》した。「仏に帰命いたします（南無仏）」との声が聞こえると、ティミンギラは〈おお、仏が世に出現されたのか！「仏・世尊に帰命いたします」という叫び声を聞いておきながら、私は〔彼らを〕食物として食べてはいけない〉と考え、商人たちを呑み込むのを止めた。

ティミンギラはさらに考えた。〈もしも私が今、突然口を閉じたら、船は水の勢いで押し戻されて難破するし、彼らの多くは命を落としてしまう。いざ私はゆっくりとした動作で、じわじわと口を閉じよう〉と。こうしてティミンギラはゆっくりと口を閉じたので、彼らは助かった。ここでは、バラモン教の神々に祈りを捧げても効果はなかったが、「南無仏」という称名は航海上での危機を回避する行として説かれている。

この後、無事に帰国した商人たちはブッダのもとを訪れ、礼を申し述べる件があるが、そこには「死に直面したとき、一心に世尊を念じ（念仏）、御名を称えました（称名）ところ（bhagavataḥ smaraṇaparāyaṇānāṃ nāmagrahaṇam）、船はその大きな怪魚の口から逃れられました」とある。ここにも念と称の相即性が確認できるが、ここではそれに加え、念仏と称名の直接的な果報《かほう》が説かれている点にも注目しておこう。

以上の考察から、「念仏」と「称名」は本来別の行であったが、初期仏教の段階より少し時代が下ると、両者の関係は密になり、相即的に説かれるようになる。そして、さきほど見たように、その、「念仏」と「称名」の併修には危機を回避する力があると認められていたことがわかる。

大乗経典の用例

伝統仏教の段階で、すでに「念仏」と「称名」が相即する関係にあったことを確認したが、この関係は大乗経典にも引き継がれ、なおかつその相即性はより強固になっていく。では藤田［2007］に基づき、大乗経典の用例を紹介しよう。まずは〈大品般若経《だいぼんはんにゃきょう》〉の用例から。

「スブーティよ、誰であっても良家の男子または良家の女子であって、〈諸仏に帰命す〉と作意《さい》するならば（namo buddhānāṃ iti manasikariṣyati）、その者はすべて順次に苦を終わらせるだろう」（Pañc. 122.18–19）

ここでの動詞「作意する（manasi √kṛ）」は、「〔随〕念する（（anu）√smṛ）」とほぼ同義であったから、「南無諸仏（諸仏に帰命す）」という称名が念仏の内容として説かれていることになる。そしてこの行為には、「苦を終わらせる」という働きがあることにも注意しておこう。漢訳の相当箇所をみると、『放光般若経』は「能く南無仏と称す」、『大品般若経』は「一たび南無仏と称す」、そして『大般若波羅蜜多経《だいはんにゃはらみったきょう》』は「下は一たび南謨《なむ》（無）仏陀《ぶつだ》と称するに至る」とし、いずれも manasi √kṛ を「称」と漢訳する。また蔵訳も同じく「〈仏に帰命す〉と称えるならば（sangs rgyas la phyag 'tshal lo shes brjod na）」とし、同じ理解を示す。

これは「漢訳者や蔵訳者が見た梵本に manasi √kṛ とあったなら」という条件つきではあるが、訳者は直訳ではなく、その現実の意味に即して訳していることになる。よって実際の信仰実践場面において「念」と「称」とは相即的に修されていたことを物語っていると言えよう。

次に取りあげるのは、〈法華経《ほけきょう》〉の「普門品《ふもんぼん》」である。この章は観世音菩薩《かんぜおんぼさつ》が娑婆《しゃば》で苦しむ衆生《しゅじょう》を救済することを散文で説き、後にそれを韻文で重ねて説く形式を取る。衆生が助けを求めて観世音菩薩を呼ぶ場合、散文では次の三つの表現がある。

㈠「呼号する」(sam-)ākrandaṃ √kṛ, ā √krand
㈡「名を取る」nāmadheyaṃ √grah, nāma(dheya)-grahaṇa
㈢「名を保つ」nāmadheyaṃ √dhṛ, nāma-dhāraṇa

このうち㈠の直訳は「名を取る」だが、その意味内容は『リグ・ヴェーダ』以来、インドでは神や事物の「名を称える」の意味で用いられるので、明らかに「称名」だ。㈢は仏教以外のインド文献では用いられないようなので、仏教独自の用法と考えられるが、㈡から類推すれば、㈢も「称名」を意味すると考えられる。よって、衆生が助けを求めて観世音菩薩を呼ぶとき、それは「観世音菩薩の名前を称えている」ということが理解される。そして散文で説かれたこの内容を、韻文で表現するさい、これら三種の表現はみな「念ずる（√smṛ）」に置き換わっている。ここにも「念」と「称」との相即性が確認されよう。

最後は〈華厳経《けごんぎょう》〉の「入法界品《にゅうほっかいぼん》」である。ここでは善財童子《ぜんざいどうじ》がさまざまな善知《ぜんち》識《しき》を歴訪する求道譚が説かれているが、その善知識の一人が観世音菩薩であり、そこでは善財童子が観世音菩薩の「名を随念する（nāma[dheyaṃ] anu-√smṛ）」ことが繰り返し説かれている。そして漢訳の『四十華厳』はこれに「称名／称我名」という訳語を与えている。

ここまで、初期経典から始め、大乗経典の用例を紹介してきたが、最後にヒンドゥー教の聖典『バガヴァッド・ギーター』（VIII, 13）の用例を紹介しておく。ここには「オームという一音のブラフマンを称えつつ（vyāharan）、我を随念しつつ（anusmaran）、現身を捨てて死んでいく者は、最高の帰趣に到達する」とあり、「称える」と「随念する」という動詞が現在分詞で用いられているので、両者の相即性は明確であり、同時的な行為とみなすことができよう。こうして、「念」と「称」との相即性は仏教内部にとどまらず、広くインド一般に認められる用法であると藤田は指摘する。

二　南無阿弥陀仏の誕生

阿弥陀仏の起源

では、南無阿弥陀仏の起源について論を進めることにする。「南無阿弥陀仏」とは「阿弥陀仏に南無（帰依）する」ことを意味するが、「南無仏」の起源についてはすでに確認したので、ここでも藤田［2007］に基づき、「南無」の対象となる「阿弥陀（仏）」の起源を明らかにする。藤田は「阿弥陀仏」と漢訳される原語を確定する作業から始め、それが「アミターユス」と「アミターバ」以外にないと結論づける。アミターユスは「無量の寿命（無量寿）」、アミターバは「無量の光明《こうみよう》（無量光）」の意だが、「阿弥陀仏」は無量寿仏と無量光仏の両訳語を含みうる音写語なので、この仏名をもっとも包括的な名称とみなす。

つまり、阿弥陀仏は「無量の寿命と無量の光明とをあわせ持つ仏」だが、このような意味を持つ阿弥陀仏は初期経典中にまったく確認できないので、過去の研究者たちはその起源を多様な領域に求めた。諸説を整理すると、外来起源説（インド以外に起源を求める説）と内部起源説（インド内部に起源を求める説）に大別され、後者はさらにヴェーダ神話起源説と仏教内部起源説とに分類される。藤田はいずれの説も認められないとし、初期仏教から展開した仏陀観の中にその起源を探る。これは内部起源説に分類されるが、従来の神話に起源を求める立場とは異なっている。

阿弥陀仏の原語「アミターユス」と「アミターバ」を手がかりに、藤田はその起源を仏教の開祖ブッダに求める。まずは「アミターユス（無量寿）」の由来から。その典拠はブッダの入滅《にゅうめつ》を扱う『長部』の「大般涅槃経《だいはつねはんぎょう》」である。ブッダは入滅する三箇月前、アーナンダに対して三度、こう告げる。

「アーナンダよ、如来《にょらい》は四神足《しじんそく》を修し、多くをなし、習熟し、堅固になし、実行し、積み重ね、よく努めている。アーナンダよ、かの如来は、もし望むならば、一劫《こう》の間、あるいは一劫以上の間、留まることができるだろう」（DN ii 103.4–8）

ここではブッダは常人と違って、必要に応じ、その寿命を延長しうるという見方、すなわちブッダの寿命の永遠性に対する強い関心が表明されており、「アミターユス（無量寿）」の観念と相通ずるものがあると藤田は指摘する。というのも、この教説が〈無量寿経〉の編纂者によって知られていたと推定されるからだ。梵本ではブッダがアーナンダにこう告げる場面がある。

「アーナンダよ、如来は、もし望むなら、一施食《せじき》をもって、一劫の間、留まることができるであろう。あるいは百劫の間、あるいは千劫の間、あるいは十万劫の間、あるいは何十万・百万・千万劫の間に至るまでも、あるいはそれ以上にも〔留まることができるだろう〕」(L-Sukh. 4.12–15)

このように、阿弥陀仏の寿命が何百千万劫であり、長久・長遠であり無量であると説いているのは、やはり初期仏教の説と通底するものがあり、「アミターユス」の由来するところが、初期経典におけるこのような仏陀観に胚胎しているとみるべきであると言う。つづいて「アミターバ(無量光)」の由来であるが、仏と光明の結びつきは初期経典に頻出する。たとえば、『相応部』ではこう説かれる。

「世間に四つの光あり。ここには第五〔の光〕なし。太陽は昼に輝き、月は夜に光る。また火は昼夜にそこここを照らす。正覚者は輝けるものの中で最勝者にして、この光明は無上なり」(SN i 15.9–12)

このほかにも用例はたくさんあるが、ブッダと光の組み合わせは珍しくなく、したがって「アミターバ（無量光）」の起源が、このような初期仏教の仏陀観に由来しているとみることは決して無理ではないと藤田は指摘する。

一方、阿弥陀仏の起源に関し、新たなアプローチを試みるのが辛嶋［2010］だ。まずは言語に対する彼の基本スタンスを確認しておこう。辛嶋によれば、初期大乗経典はまず方言の中期インド語（Middle Indic, MI）で伝えられ、それが徐々に仏教サンスクリット（Buddhist Sanskrit）、あるいは標準語のサンスクリットに翻訳されていったが、数世紀にわたる不断の梵語化（方言から標準語への変換）により、本来の意味とは異なる語形成が生じたと考える。これに基づくと、阿弥陀仏の起源はどこに求められるのか。

辛嶋は Amitābha（無量光）が阿弥陀仏の本来の名前で、後にそれから Amitāyus（無量寿）という別名が生じたと考える。〈無量寿経〉の最古の漢訳『大阿弥陀経』には「無量光」に類する訳語はあるが、「無量寿」に類する訳語はないことなどが理由だ。では、「無量寿」の起源はどこに求められるか。辛嶋は中期インド語が仏教梵語化される際の語形変化に注目する。つまり、Amitābha > Amitābhu > MI. Amitāhu > Amitā'u > Amitāyu > Amitāyus という変遷を経て「無量寿（Amitāyus）」が生じたとみるので、阿弥陀仏の起源は「無量光仏」であり、そこから「無量寿仏」が派生して、最後に両者は同一視されるに至ったことになるという。

本生説話からみた起源

以上は原語からのアプローチであったが、藤田は別の観点からも阿弥陀仏の起源を探る。それが本生話からの考察だ。阿弥陀仏がいかにして仏になったかを説明する阿弥陀仏の本生話（過去世物語）は資料によって全一六種あり、その中でもっとも有名なのが〈無量寿経〉の法蔵菩薩《ほうぞうぼさつ》説話である。阿弥陀仏は過去世の燃灯仏《ねんとうぶつ》よりはるか以前の世自在王仏のとき、法蔵という菩薩だったが、覚りを求めて四八の誓願《せいがん》を立て、その誓願を成就するために長時永劫の修行を実践した結果、今から十劫以前に成仏して阿弥陀仏となり、現在は西《さい》方極楽世界《ほうごくらくせかい》で法を説いているとされる。

この話は〈無量寿経〉が初出ではなく、伝統仏教の燃灯仏授記《じゅき》の物語に基づいて創作されている。輪廻《りんね》を前提とした教理に沿う形で、ブッダの覚りの神格化はブッダの過去世物語を創出せしめた。つまり、ブッダの覚りはこの世の六年間の修行だけで完成したのではなく、過去世での数多《あまた》の修行があってはじめて可能になったと考えられるようになった。これが「ジャータカ」と呼ばれるブッダの本生（前世）物語である。

こうして多くの本生話が作られ、人間や動物に輪廻しながら、ブッダはさまざまな行を実践してきたと説かれるようになるが、あるとき本生話創作の過程で修行の起点が問題になった。こうして考え出された本生話の起源が、燃灯仏授記の話である。パーリの伝承では、スメーダ（ブッダの本生）が未来世で仏になることを決意して泥の上に自らの髪を敷き、燃灯仏を渡そうとし、また成仏の誓願を立てたので、それを見た燃灯仏はスメーダの成仏を予言した。ブッダはこれを起点にして善行や修行を積み、覚りを求めるようになったと言う。

このように、ある人物がある仏の前で成仏を決意して誓願を立て、その誓願を成就するために修行するという点で、両者は完全に一致する。つまり、法蔵説話は燃灯仏授記を下敷きにしており、法蔵菩薩に対する世自在王仏の位置は、ちょうどブッダに対する燃灯仏の位置に対応する。〈無量寿経〉の「法蔵菩薩（比丘）と世自在王仏」の関係は、燃灯仏授記の「釈迦《しゃか》菩薩《ぼさつ》と燃灯仏」の関係に置き換え可能であり、法蔵菩薩（＝阿弥陀仏）はブッダの投影であると理解できる。

法蔵がブッダの投影であると主張するには、彼がブッダと同様にクシャトリア出身であるのが望ましいが、〈無量寿経〉で法蔵菩薩の出自はどう説かれているのか。〈無量寿経〉の漢訳は五本あるが、成立の古い漢訳三本は法蔵菩薩の出自を「国王」とする。一方、成立の新しい漢訳二本および梵本は法蔵菩薩の出自に言及しないので、時代が下ると、初期の意図が忘れられた可能性はあるが、ともかく初期の段階では法蔵を「王」とするので、彼がブッダの投影であると考えてよい。

以上、阿弥陀仏の起源を言語的な観点と本生話という観点から眺めてみたが、阿弥陀仏の起源はいずれも仏陀観の変遷の延長線上にあり、仏教の開祖ブッダを大胆に解釈しなおしたのが阿弥陀仏の起源にあることを確認した。他文化との接触や他宗教からの影響は排除されるべきではないが、仏教内部、しかも仏陀観の変遷という観点から阿弥陀仏の起源を跡づけることが充分に可能である。ともかく、大乗経典にブッダを再解釈した阿弥陀仏が誕生したが、従来より成立していた南無仏の伝統に阿弥陀仏の誕生が加わると、「南無阿弥陀仏」が発生する要因がすべて出そろうことになる。

南無阿弥陀仏の誕生

大乗経典は大量に制作されたが、その中で「南無阿弥陀仏」と称えることを明確に説く経典は、浄土三部経の『観無量寿経《かんむりょうじゅきょう》』であった。第一章で引用した文だが、再度その箇所を確認してみよう。

此の如き愚人、命終の時に臨んで、善知識の種種に安慰して、為に妙法を説き、教えて仏を念ぜしむるに遇わん。彼の人、苦に逼《せめ》られて仏を念ずるに遑《いとま》あらず。善友、告げて言う、「汝、若し念ずること能わざれば、応に無量寿仏を帰命して称うべし」と。是の如く、至心《ししん》に声をして絶えざらしめ、十念を具足して「南無阿弥陀仏」と称えしむ。仏の名を称うるが故に、念念の中に八十億劫の生死の罪を除く（T. 365, xii 346a15–20）。

ここでは「〈阿弥陀仏〉の名を称える」のではなく、「〈南無阿弥陀仏〉と称える」ことが明記されており、これが中国の善導を経由して日本の法然や親鸞《しんらん》に継承されていく。こうして南無阿弥陀仏の起源を『観無量寿経』に求めることに問題はないが、ではその起源をインドにまで求めることができるかどうかは別問題だ。というのも、梵本および蔵訳が発見されていないため、『観無量寿経』の成立に関しては単純にインド起源とは言えない要素があり、中央アジア撰述と中国撰述の両説が併存している。両説の詳細は省略するが、藤田はそれぞれ妥当性があるとし、現段階では中央アジア撰述と中国撰述の折衷説をとるのが妥当であると言う。シルクも『観経』の成立について「混合起源（mixed origin）」という立場をとる（Silk［1997］）。

前述のとおり、『観無量寿経』の成立をインドに求めることが現段階ではできそうにないが、「南無仏」や「阿弥陀仏」がインド起源であることは確かだから、この両者が結合した「南無阿弥陀仏」がインドで誕生したと考えても不思議ではない。南無（帰依）する対象が「釈迦牟尼仏（ブッダ）」から「阿弥陀仏」に変更されるだけであり、しかも阿弥陀仏がブッダを大乗的に再解釈した仏であるとするなら、なおのことその起源はインドとみて大過はない。そして、この進化形として、南無（帰依）する対象は他の仏や菩薩に拡大していく。たとえば「南無観世音菩薩」などが好例であろう。

聞名思想の源流

さて、〈般舟三昧経《はんじゆざんまいきよう》〉の念仏思想を考察した中で、念仏に先立ち、般舟三昧による見仏《けんぶつ》の体験が必要であることを指摘した。見たことがないものを念じることはできないからだ。同様に、仏の名前を知らないのに、その名を称えることはできないので、称名に先立ち、聞名《もんみよう》の体験が必要になる。よってここでは、聞名についても考察しておこう。初期経典中には顕著な用例が見出せないので、ここでは『天宮譬喩』の用例から紹介する。

この第二章には主人公プールナの帰仏譚がみられる。商人だったプールナは隊商主として何度も海を渡り、航海を成功させては戻ってきたので、シュラーヴァスティーに住む商人たちは彼を隊商主にして海を渡ろうと思い、プールナに願い出る。嫌々ながら彼らの要望を受け入れた彼はその商人たちと共に大海に向けて出発するが、船上での彼らの会話を紹介しよう。

〔プールナ〕は彼らと共に大海へ向けて出発した。彼らは、夜が白む頃、ウダーナ、パーラーヤナ、サティヤドゥリシュ、スタヴィラガーター、シャイラガーター、ムニガーター、そしてアルタヴァルギーヤ経を全文、声を出して唱えた。彼はそれを聞いた。彼が「諸君、素晴らしい歌を歌っているね」と言うと、彼らは「隊商主よ、これは歌ではありません」と言った。

「では一体それは何なのだ」

「ブッダのお言葉ですよ」

彼はかつて聞いたことのなかった「ブッダ」という音を聞いて、全身の毛穴が粟だった（sa buddha ity aśrutapūrvaṃ śabdaṃ śrutvā sarvaromakūpāny āhṛṣṭāni）。畏敬の念を起こした彼は「諸君、そのブッダと呼ばれるお方は一体誰なのかね」と尋ねると、彼らは言った。「沙門《しやもん》ガウタマのことですよ。シャーキャ族出身であり、シャーキャ族の息子だったのですが、髪と髭とを剃り落とし、袈《け》裟衣《さころも》を身に着け、真摯な気持ちで家から家なき〔生活〕へと首尾よく出家《しゅつけ》し、無上正等菩提《むじようしようとうぼだい》を正等覚されたのです。彼こそが、隊商主よ、ブッダと呼ばれるお方ですよ」（Divy. 34.28-35.10 平岡［2007a：71］）

この時にブッダという音を聞いたことが縁となってプールナは出家し、最後には阿羅漢となるが、ここには二つの異なったブッダの受容の仕方が示されている。一つはプールナのように聞く人に鳥肌を立てさせる神秘的な「音（śabda）」として感性的にブッダを受容するパトス的立場、もう一つは商人のように「ブッダとはシャーキャ族出身であり〜」と悟性的にあるいは概念的にブッダを受容するロゴス的立場である。通常、我々のブッダ理解は商人の説明と同様に概念的・言語的だが、説一切有部《せついっさいうぶ》系の資料には、ブッダを「音」としてパトス的に受容する新たな立場が示されている。

ともかく、ここに聞名の功徳の濫觴を確認することができよう。「ブッダ」という仏名を聞くことが機縁となり、プールナは仏教と縁を結び、出家して阿羅漢になっているのであるから。このような用例は説一切有部系の説話文献において少なからず確認でき、いずれもそれが機縁となって出家し阿羅漢になる者もいれば、在家信者になる者もいたことがわかる（平岡［2002］）。

次に紹介するのは、ブッダのロゴス的受容ではあるが、「ブッダ」という言葉を聞いて殺生を思いとどまり、その聞名を機縁として出家し阿羅漢となるという話が、同じく『天宮譬喩』に存在する。これはすでに紹介した第一八章の用例にみられ、そのさい、怪魚ティミンギラについて言及したが、ティミンギラ（ダルマルチの前生）が船を呑み込むのを躊躇したのには訳があった。それを知る手がかりは、彼の過去世物語にある。ここには彼の三つの過去物語が説かれているが、そのうちの一つは彼の重大な悪業を扱った興味深い話となっている。

彼は過去世で母親と通じ、母と共謀して父を殺し阿羅漢も殺すと、挙げ句の果てに自分の母も殺すという暴挙にでる。こうして数々の悪業を犯した彼は、何を思ったか、出家しようと精舎《しょうじゃ》に出かけるも、ことごとく断られてしまう。自暴自棄になった彼は怒って精舎に火を放ち、さらに多くの比丘を焼死させたが、そこに三蔵《さんぞう》に通じた比丘（ブッダ）がいた。彼はダルマルチを三宝に帰依させ、「もしも何時か「ブッダ」という言葉を聞いたならば、お前は記憶を取り戻すように！」と告げた。

この出来事が機縁となり、怪魚ティミンギラになったダルマルチは商人たちの「ブッダ」という声を聞いて、さらなる殺生を踏みとどまった。今生において人間に生まれ変わったダルマルチは、ブッダのもとで出家し、阿羅漢になる。過去世でこのような縁を結んでいたとはいえ、聞名によって彼に忍耐の心が湧き起こり、殺生を踏みとどまったのは、聞名の果報と言えよう（平岡［2018a］）。このように「聞名」には仏教と縁を結ぶ働きがあり、この傾向はすでに確認したように浄土経典でも生きていると言えよう。

大乗経典にみる聞名思想

ではこれを踏まえ、浄土三部経以外の大乗経典において、聞名と称名の関係を確認してみよう。といっても、膨大な大乗経典の用例をすべて紹介するわけにはいかないので、同じ誓願を説く〈薬師経《やくしきょう》〉を取りあげ、野口［2012］の研究に基づいて内容を紹介する。野口の研究の主眼は「〈薬師経〉が密教経典であり得るか」にあるが、その中で聞名と称名の関係にも考察を加えている。

〈薬師経〉には大きく分けて「一仏経」と「七仏経」の二系統が存在する。「一仏経」は、薬師如来（正式名称は「薬師《やくし》瑠璃《るり》光《こう》如来」）が単独で登場し、薬師如来が立てた一二の誓願を中心に組み立てられた顕教《けんぎょう》としての大乗経典である。一方の「七仏経」は、薬師如来の仏国土《ぶっこくど》（浄瑠璃世界）に至るまでに設定される六つの仏国土を主宰する六仏を軸に構成され、密教的色彩の濃い大乗経典である。このうち、聞名と称名に触れるのは、「一仏経」系の〈薬師経〉である。

「一仏経」系の資料は梵本と蔵訳に加え、『仏説薬師如来本願経』隋／達磨笈多《だつまぎゅうた》訳（六一五年）、『薬師瑠璃光如来本願功徳経』唐／玄奘《げんじょう》訳（六五〇年）、そして『灌頂抜除過罪生死得度経《かんじょうばつじょかざいしょうじとくどきょう》』東晋／帛尸梨蜜多羅《はくしりみったら》訳（三一七〜三二二年）という三つの漢訳がある。一方、「七仏経」系の〈薬師経〉は、蔵訳（「一仏経」の蔵訳とは別）と漢訳一本『薬師琉璃光七仏本願功徳経』唐／義浄《ぎじょう》訳（七〇七年）が現存する。

『灌頂抜除過罪生死得度経』は「偽経／訳ではなく抄撰」と評される一方、「〈薬師経〉の古形を保持している」とも言われ、その成立にはまだ不明な点が多々あるが、ここでは「一二の誓願については、他文献よりも古形をとどめている可能性がある」とだけ理解しておく。ではこれを踏まえ、薬師如来の誓願にみられる聞名と称名についてみていこう。

聞名や称名は一二の誓願の中にみられるが、該当する誓願を年代順に比較すると、聞名や称名に言及する誓願は以下のとおり（該当箇所のみ引用）。

・達磨笈多訳

①第六願（我が名を聞き已って）②第七願（我が名号《みょうごう》を聞くを得て）③第八願（我が名を聞き已って）

・玄奘訳

①第五願（我が名を聞き已って）②第六願（我が名を聞き已って）③第七願（我が名号一

たび其の耳を経ば）④第八願（我が名を聞き已って）⑤第十願（若し我が名を聞かば）⑥第十一願（我が名を専念受持《せんねんじゅじ》し）⑦第十二願（若し我が名を聞きて専念受持し）

・義浄訳

①第五願（我が名を聞き已って）②第六願（若し我が名を聞きて至心に称念し）③第七願（暫く我が名を聞き）④第八願（若し我が名を聞きて至心に称念し）⑤第十願（若し我が名を聞き）⑥第十一願（若し我が名を聞きて至心に称念し）⑦第十二願（若し我が名を聞きて至心に称念し）

以上をまとめると、次のようになる。

・帛戸梨蜜多羅訳：聞名の記述なし
・達磨笈多訳（＝蔵訳二本）：第六願・第七願・第八願
・玄奘訳（＝梵本）：第五願・第六願・第七願・第八願・第十願・第十一願・第十二願
（傍線部の誓願は、梵本では「聞名」の代わりに「私の名前を念ずる」）
・義浄訳：第五願・第六願・第七願・第八願・第十願・第十一願・第十二願（傍線は聞名＋称名）

古形を保持する帛尸梨蜜多羅訳の段階で「聞名」はまったく説かれていなかったが、達磨笈多訳では三つの願で聞名が登場し、玄奘訳では、その数が七つに増える。そして最終段階の義浄訳では、聞名を説く七つの誓願のうち四つが称名にも言及するようになる。そして、いずれの〈薬師経〉にも一二の誓願を説き終わった後、悪趣《あくしゅ》（地獄《じごく》・餓鬼《がき》・畜生《ちくしょう》）からの転生から極楽往生に至る、聞名の広大な利益《りやく》が説かれている。

この〈薬師経〉の用例からも、まずは聞名があり、それが称名へと展開する過程がみてとれよう。野口は、聞名の功徳を説く背景に、仏の名号の「マントラ化（呪力を秘めた短い語句）」を想定し、〈薬師経〉を初期密教経典として位置づける。この「仏の名号のマントラ化」は重要な指摘であり、本書でも第五章で再び取りあげたい。

諸行としての念仏と称名

では、これまで考察してきた念仏と称名とを「行」として総括する。ブッダ在世当時の行は「禅定（精神集中）」が中心的役割を演じていたと推測される。というのも、ブッダ自身に覚りをもたらした行が禅定だったからだ。その後、さまざまな修行法が考案されたが、時代が下ると、それは「三十七菩提分（＝三十七道品）」としてまとめられていく。

三十七菩提分とは、覚りを得るための三七種の修行法を意味し、四念住《しねんじゅう》＋四正断《ししょうだん》＋四神足＋五根《ごこん》＋五力《ごりき》＋七覚支《しちかくし》＋八正道《はっしょうどう》＝三七、となる。その内容は次のとおり。

・四念住・四念処《しねんじょ》（catvāri smṛty-upasthānāni）：四つの観想《かんそう》

①身念住（身体の不浄を観ずること）②受念住（感受作用は苦であると観ずること）③心念住（心は無常《むじょう》であると観ずること）④法念住（存在（法）は無我《むが》であると観ずること）

・四正断・四正勤《ししょうごん》（catvāri prahāṇāni）：四つの正しい努力

①已生悪断（すでに生じた悪は断じるように勤めること）②未生悪令不生（まだ生じていない悪は生じさせないように勤めること）③未生善令生（まだ生じていない善は生じさせるように勤めること）④已生善令増長（すでに生じた善はさらに増やすように勤めること）

・四神足（catur-ṛddhipāda）：神通力を得るための四種の根拠

①欲神足（すぐれた瞑想を得ようと願うこと）②精進《しょうじん》神足（すぐれた瞑想を得ようと努力すること）③心神足（心を修めてすぐれた瞑想を得ようとすること）④思惟神足（智慧で思惟《しゆい》観察《かんざつ》しすぐれた瞑想を得ること）

・五根（pañca-indriya）：解脱に至るための五つの能力

①信根（信じて疑わない能力）②精進根（努力する能力）③念根（記憶して忘れない能力）

④定根（精神を集中する能力）⑤慧根（道理を理解する能力）

・五力（pañca-bala）：五つの優れた働き

①信力（信じて疑わない働き）②精進力（努力する働き）③念力（記憶して忘れない働き）④定力（精神を集中する働き）⑤慧力（道理を理解する働き）

・七覚支・七菩提分（sapta-bodhy-aṅga）：覚りに役立つ七つのことがら

①択法《ちゃくほう》覚支（教えの中から真実のものを選び、偽りのものを捨てること）②精進覚支（一心に努力すること）③喜《き》覚支（真実の教えを実践する喜びに住すること）④軽安《きょうあん》覚支（身心を軽やかに快適にすること）⑤捨《しゃ》覚支（対象へのとらわれを捨てること）⑥定覚支（心を集中して乱さないこと）⑦念覚支（思い続けること）

・八正道・八聖道（āryāṣṭāṅgo mārgo）：八つの正しい実践道

①正見（正しく見ること）②正思（正しく思惟すること）③正語（正しく語ること）④正業（正しく行うこと）⑤正命（正しく生活すること）⑥正精進（正しく努力すること）⑦正念（正しく注意すること）⑧正定（正しく精神を集中すること）

こうしてまとめると、「念」の付く項目は八つもあるが（身念住・受念住・心念住・法念住・念根・念力・念覚支・正念）、「称」に関する実践は一つもないことがわかる。「念仏」

の「念」は「行」として古くから確立していたが、「称」は三帰依等では用いられるものの、「行」として位置づけられることはなかった。

後にみるように、「称〔名〕」も仏教の実践に取り入れられ、念との密接な関係性の中で修道体系化されていくが、その優劣は明白であり、「称は念に劣る行」とされる。この関係はインド仏教以来、中国仏教を経由し、日本仏教の法然以前まで継続されることになるが、この関係が逆転するには法然の出現を待たなければならなかった。

それはともかく、念仏も称名もその行を成立させるための条件が「見仏」と「聞名」、つまり「見る／聞く」というインプットなのである。このインプットに基づき、「称名〔仏の〕名を称える）／念仏（仏〔の名／姿〕）を念じる」というアウトプットが可能となる。称名が易行であることは言を俟たないが、見仏はどうか。ブッダ在世当時ならブッダに出逢うことが見仏であるから簡単だが、仏滅後の無仏の世で見仏は難行となる。なぜなら、見仏のためには「般舟三昧」などの高度な瞑想行（精神集中）が必要とされたからだ。

したがって、紀元前後に誕生したとされる仏像が念仏行のハードルを下げたことは想像に難くない。一方、仏足跡《ぶっそくせき》は仏像見仏と三昧見仏の中間に位置する。物理的に存在する足跡に基づき、その上に立つブッダのイメージは瞑想行で補うことになるからだ。

【ステージ2】

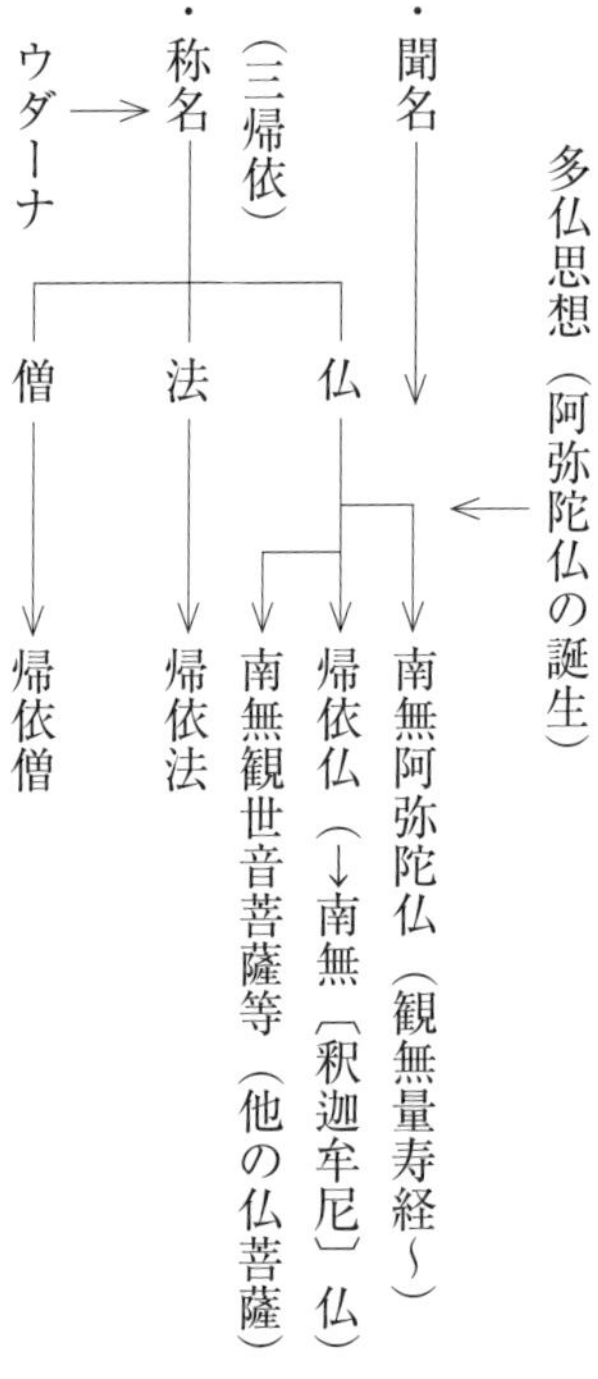

ウダーナに端を発する称名行は三帰依の表明としてまずは産声を上げる。三宝のうち、帰依仏は「仏に帰依＝南無（namas/mano）する」ことを宣言するので、ここに「南無（釈迦牟尼）仏」の原型が認められよう。これとは別に、聞名思想も独自の展開を遂げ、称名を促す重要な行為として位置づけられるようになる。

そして大乗仏教の時代を迎えると、多仏思想によって「阿弥陀仏」という新たな仏がブッダの再解釈として登場する。これが帰依仏の表明である「南無仏」と出逢うことで「南無阿弥陀仏」が誕生した。この「南無阿弥陀仏」は『観無量寿経』で説かれるのが初出と考えられるが、本経の成立についてはまだ不明な点が多く、インド撰述ではない可能性もある。しかし、「南無仏」と「阿弥陀仏」の起源はインドに求められるから、「南無阿弥陀仏」の起源もインドにあったと考えても大過ない。

またこの南無仏のバリエーションとして、他の仏や菩薩も「南無（帰依）」の対象となるので、「南無観世音菩薩」等の称名も可能となる。さらに、「帰依法」の新たな展開として「南無妙法蓮華経《なむみょうほうれんげきょう》」があるが、その出現は中国仏教を待たねばならなかった。また帰依僧に関しては、三帰依の表明以外で新たな展開を見せることはなかった。

第三章　インドと中国における進化

一　龍樹と世親

龍樹の『十住毘婆沙論』

浄土教《じょうどきょう》はインドで誕生し、その思想は特に〈無量寿経《むりょうじゅきょう》〉〈阿弥陀経《あみだきょう》〉〈観無量寿経《かんむりょうじゅきょう》〉において顕著にみられるため、この三経は「浄土三部経」と呼ばれる。しかし、浄土教は大乗仏教の共有財産であったので、「浄土三部経」以外にも極楽浄土《ごくらくじょうど》や阿弥陀仏に言及する大乗経典は相当数に上るが、このような経典所説の浄土教は著名な仏教徒によって〝解釈〟され、多様に変容し、新たな進化に向けて動き出すことになる。

では、インドにおける浄土教の解釈からみていこう。最初に取りあげるのは龍樹《りゅうじゅ》。彼は大乗仏教を代表する哲学者で、中観《ちゅうがん》哲学を確立した。多くの哲学書を著す一方、浄土教に関する論書も残している。それが『十住毘婆沙論《じゅうじゅうびばしゃろん》（以下、十住論）』だ。本書は漢訳が一本しか現存せず、インド原典や蔵訳も存在しない。その原典名は Daśabhūmi (ka) -vibhāṣā と推定され、「十地経《じゅうじきょう》（Daśabhūmika-sūtra）の注釈（vibhāṣā）」である。

しかし本書は〈十地経〉にとどまらず、その他の諸経典に拠りながら大乗菩薩道《だいじょうぼさつどう》の要説を扱うが、「十住（＝十地）」を題名に冠しながら、第二地までしか注釈されていない。本書はもともと偈頌《げじゅ》で十地経をはじめ諸経典の所説の要点をまとめ（本頌）、のちにそれに対する長行の釈（散文による注釈）が付され、長行は訳出時にかなりの増広付加が行われたと考えられている。では『十住論』によりながら、龍樹の浄土思想のうち、本書で問題とする念仏《ねんぶつ》・称名《しょうみょう》を中心に内容を概観してみよう。

『十住毘婆沙論』

まず、念仏品の用例をみてみよう。ここには「当に諸仏に於いて大衆《だいしゅ》の中に処在し、三十二相《さんじゅうにそう》が具わり、八十好《はちじつしゅ》が身を厳るを念ずべし」という偈が、「行者は是の三昧《さんまい》を以て諸仏が三十二相八十種好にて其の身を荘厳するを念ぜば（中略）諸仏の相を取る」（T. 1521, xxvi, 68c23–25）と解説されている。ここでは明らかに念仏の内容が三十二相八十種好という視覚的イメージであり、これに続いて三十二相と八十種好の各項目が詳細に説明されている。そしてこれを修しおわると、次の段階の念仏は四十不共法品《しじゆうふぐほうぼん》で次のように説明される。

菩薩は是の如く三十二相八十種好を以て仏の生身を念じ已りて、今、応に仏の諸の功《く》徳法《どくほう》を念ずべし。所謂

又た応に四十不共法を以て仏を念ずべし。

諸仏は是れ法身《ほつしん》にして但だ肉身に非ざるが故に。

諸仏に無量諸法有りと雖も、余の人と共せざる者に四十法有り。若し人が念ぜば、則ち歓喜《かんぎ》を得る。何を以ての故に。諸仏は是れ色身《しきしん》に非ず、是れ法身なるが故に。経に説くが如し。汝は応に但だ色身を以て仏を観ずべからず。当に法を以て観ずべし（Ibid. 71c12–19）。

最初の念仏では仏を色身として念じていたが、ここでは法身として仏を念ずべきことが説かれ、その具体的内容は仏だけが有している四〇の特質であり、ここに視覚的イメージの入り込む余地はない。そして最終段階の念仏に関しては、〈般舟三昧経《はんじゆざんまいきよう》〉と深い関係のある助念仏三昧品で次のように説かれる。

菩薩は応に此の四十不共法を以て、諸仏の法身を念ずべし。
仏は色身に非ざるが故に。

是の偈は次第に略して四十不共法の六品の中の義を解す。是の故に行者は先ず色身仏を念じ、次に法身仏を念ず。何を以ての故に。新発意《しんぼっち》の菩薩は応に三十二相八十種好を以て仏を念ずべし。先に説くが如く、転た深く入りて中勢力を得ば、応に法身を以て仏を念ずべし。心が転た深く入りて上勢力を得ば、応に実相《じっそう》を以て仏を念じ、而も貪著《とんじゃく》せざるべし。

色身に染著《ぜんじゃく》せず、法身にも亦た著せず、
善く一切法《いっさいほう》は永寂にして虚空《こくう》の如しと知る。

是の菩薩は上勢力を得ば、色身・法身を以て深く仏に貪著せず。何を以ての故に。空《くう》法《ほう》を信楽《しんぎょう》せる故に、諸法は虚空の如しと知る（Ibid. 86a7–18）。

このように、最終段階の念仏を説明する中で、これまでの流れを簡略にまとめている。すなわち、新発意の菩薩はまず三十二相八十種好を以て仏の色身を念じ、それによって念仏が深まると、次は四十不共法を以て仏の法身を念じる。そして最終段階ではその色身にも法身にも執着《しゅうじゃく》することなく、実相を以て仏を念じ、諸法の空なることを了解する、と言う。これによって般舟三昧を成就することができると説かれる。
最終段階の「実相を以て念仏する」ことの内容は、論の説くように、色身にも法身にも執着しないことであり、それは諸法が空であることによる。すなわち、諸法は空であるから色身も法身も空であり、執着すべき実体はないことを言っている。これは念仏によって視覚化されたイメージに実体を認めることを警告したもので、すでに見た『般舟三昧経』(三巻本)でも般舟三昧の基礎が空思想にあることを強調する「念仏を用うる故に空三昧を得」(T. 418, xiii 905b18–19)という文言がみられ、これに相当する蔵訳部分はこれを次のように詳説する。

如来《にょらい》を誇りとなさず、想念せず、執着せず、全く理解せず、観察《かんざつ》せず、分別《ふんべつ》せず、全く随見せずに、このように如来を念想しないことを思念することによって、かの空三昧を得ることこそ〝仏を念ずる〟と名付けるのである(林[1994 : 23])。

また蔵訳の他の箇所では、次のようにも説かれる。

菩薩は、この『現在の仏が現前に住し給える菩薩の三昧』を、かの諸仏世尊《しょぶつせそん》を見る時に、最高なるものとして決して執ることがなく、〔そのように最高なるものと〕考えることがなく、そして〔そのような〕顚倒を持つことがない、そのように〔この三昧を〕修習《しゅじゅう》すべきである（林［1994：69］）。

『十住論』もこのような〈般舟三昧経〉所説の空や空三昧の思想を承け、念仏の最終段階として「実相の念仏」を位置づけたものと考えられる。ともかく『十住論』の念仏は初期経典以来の「仏の諸徳を念ずる念仏」、あるいは般舟三昧に基づく「観想《かんそう》の念仏」と理解しなければならない。

『十住論』の称名思想

称名思想については、後代の浄土教に大きな影響を与えた易行品をみてみよう。これは〈十地経〉の所説とは直接に関係はなく、〈大乗宝月童子問法経〉〈般舟三昧経〉〈無量寿経〉などによりながら、不退転の位に至るには易行の道もあることを説く。まず、不退転に至ることがいかに困難であるか、そして仏道を求める者にとって、声聞《しょうもん》や縁覚《えんがく》という二乗に堕することがいかに恐ろしいかを示し、最後に不退転の位に至る方便《ほうべん》として易行が述べられる。機根の劣る者（獰弱怯劣《ねいじゃくこれつ》）のために易行の道が示されるが、それはこう表現される。

仏法に無量の門有り。世間の道に難有り易有りて、陸道の歩行は則ち苦しく、水道の乗船は則ち楽しきが如し。菩薩の道も亦た是の如し。或いは勤行精進《ごんぎようしようじん》する有り、或いは信方便の易行を以て疾く阿惟越致《あゆいおつち》に至る者有り（Ibid. xxvi 41b2–6）。

このように、陸路と水路の譬えで難行と易行の違いを説明する。易行の具体的な内容は、「若し人、疾く不退転地に至らんと欲せば、応に恭敬《くぎよう》の心を以て、執持して〔諸仏の〕名《みよう》号《ごう》を称すべし」（Ibid. 41b13–14）、あるいは「阿弥陀等の仏、及び諸の大菩薩ありて、名を称え一心に念ずるも、亦た不退転を得」（Ibid. 42c11–12）とも説かれる。このように、易行道の内容は称名であることを明記する。ただし、その名号は「阿弥陀仏の名号」に限定されておらず、諸仏諸菩薩の名号である点には注意が必要だ。

たしかに「阿弥陀仏の本願《ほんがん》は是の如し。若し人、我を念じて名を称し自ら帰せば、即ち必定《ひつじよう》に入り、阿耨多羅三藐三菩提《あのくたらさんみやくさんぼだい》を得ん、と。是の故に常に応に憶念《おくねん》すべし。偈を以て称讃せん」（Ibid. 43a10–12）とし、多くの偈を費やして阿弥陀仏を讃歎するが、それが終わった直後、「又た亦た、応に毘婆尸仏《びばしぶつ》、尸棄仏《しきぶつ》、毘首婆伏仏《びしゆばぶくぶつ》、拘楼珊提仏《くるさんだいぶつ》、迦那迦牟尼仏《かなかむにぶつ》、迦葉仏《かしようぶつ》、釈迦牟尼仏《しやかむにぶつ》及び未来世の弥勒仏《みろくぶつ》を念ずべし。皆、応に憶念し礼拝《らいはい》すべし。偈を以て称讃せん」（Ibid. 43c19–22）と過去七仏にも言及し、この後、諸仏や諸菩薩の名前を列挙する。

易行品では阿弥陀仏が強く意識されているのは事実だが、その他の仏や菩薩たちの名前を称えても不退転は得られるのであり、両者の間に違いがあるような記述はない。また易行品で注目すべきは、「聞名《もんみょう》」への言及だ。易行品で不退転（あるいは必定）に至る方法をまとめると、聞名のみ（六例）、称名のみ（二例）、そのほか、恭敬心と称名、念仏と称名、聞名と名号の執持、称名と一心に念ずること、称名と帰依《きえ》、そして威徳を念ずることがそれぞれ一例という結果になる。

『十住論』は念仏を詳細に説明するが、称名の解説はほとんどない。これを問題視した小谷［2015：85–88］は、本書における念仏と称名との関係をこう整理する。本書の助念仏三昧品第二十五には、新発意の菩薩が「如来の十号の妙相」によって念仏することが説かれているが、インド仏教で「念」と「称」とが極めて近い関係にあることを考えると、ここでの「十号の妙相の念仏」は「如来の十号による称名」ということになる。

称名は本来の念仏（仏身観《ぶつしんかん》）を修習できない新発意の菩薩のために、準備的な仏身観として説かれるので、本来の念仏の解説は詳説されるが、準備的な行（加行《けぎょう》）である称名は詳説されなかったと小谷は推定する。これをまとめると、「称名（加行）→念仏（色身→法身→実相）」という修習の深まりが確認される。「称名」は、新発意の菩薩のために設けられた、念仏を実践しやすくするための方便となるが、「称名によって不退転を得る」という記述が易行品第九にみられるのは、菩薩道の困難さに怯む獰弱怯劣な行者を励ます意図を込めた激励の言葉として理解すべきであると小谷は主張する。

さらに除業品第十では、不退転に至る方法として、「阿惟越致地を求める者は、但だ憶念し、称名し、礼敬するのみに非ず、復た応に諸の仏所に於いて懺悔《さんげ》し、勧請し、随喜《ずいき》し、回向《えこう》すべし」（Ibid. 45a20–22）とし、聞名や称名以外の方法、すなわち「四悔《しけ》（罪過を滅するために修する四種の行法。これに「発願《ほつがん》」を加えれば五悔となる）」に言及していることにも注目しておこう。

世親の『往生論』

龍樹と同じく、世親《せしん》は大乗仏教を代表する論師の一人であり、〈倶舎論《くしゃろん》〉をはじめ、唯《ゆい》識《しき》を中心に多くの論書を残したが、浄土思想に関連する論書として『往生論《おうじょうろん》』（『浄土論』とも言う）がある。正式名称は『無量寿経優波提舎願生偈《むりょうじゅきょううばだいしゃがんしょうげ》』であり、菩提流支《ぼだいるし》（？～五二七）訳の漢訳が一本現存するだけだが、作者は世親の真作と考えられている。『十住論』と違い、全編、浄土思想を扱う論書であり、二四偈の韻文と、それを解釈した散文から構成される小部の文献だ。

では、この論の名称について考えてみよう。まず冒頭に「無量寿経」という経典名がでてくるが、本書の内容が梵本の無量寿経のみならず、梵本の阿弥陀経の記述にも符合するという事実から、『往生論』の論名にある「無量寿経」は、この二つの浄土経典を指すものと大竹［2011］は結論づける。次に優波提舎（upadeśa）だが、これは「経を理解しやすくするための解説」を意味するから、『往生論』は全体として「無量寿経や阿弥陀経を、理解しやすく解説した論書」となる。その論者は瑜伽行《ゆがぎょう》唯識の思想家である世親であるから、瑜伽行唯識という教学の立場で、瑜伽行唯識の思想を素材にして浄土の法門を解説したという点も忘れてはならない（小谷［2015：16–17］）。

その内容を概観すると、本書の冒頭で「世尊、我一心に尽十方無礙光如来《じんじっぽうむげこうにょらい》に帰命《きみょう》し、安楽国に生ぜんと願ず」（T. 1524, xxvi 230c17–18）と表明され、〈倶舎論〉や唯識論書にはみられない、世親の宗教的心情が素直に吐露されている。本書は大きく三部に分かれ、前半は「浄土／阿弥陀仏／浄土に往生した菩薩」という三つの観点（三厳）から浄土全体の荘厳相を詩頌で説く。次はそれを長行（散文）で解説するが、その目的は「安楽世界を観じ、阿弥陀仏を見たてまつり、彼の国土に生ぜんと願ずる故なり」（Ibid. 231b8–9）と説明される。そして、極楽に往生して阿弥陀仏に見えるためには、「五念門《ごねんもん》」を修することが必要であると言う。その項目と内容は以下のとおり。

㈠礼拝門：身業《しんごう》をもて阿弥陀如来・応・正遍知を礼拝す。彼の国に生ずる意を作すが為なり。

㈡讃歎門：口業《くごう》をもて讃歎す。彼の如来の名を称するに、彼の如来の光明智相《こうみょうちそう》の如く、彼の名義の如く、如実に修行して相応せんと欲するが故なり。

㈢作願門：心に常に願を作し、一心に専ら畢竟じて安楽国土に往生せんと念ず。如実に奢摩他《しゃまた》（śamatha）を修行せんと欲するが故なり。

㈣観察門：智慧もて観察し、正念に彼を念ず。如実に毘婆舎那《びばしゃな》（vipaśyanā）を修行せんと欲するが故なり。彼の観察に三種有り。何をか三種。一には瑕穢《かえ》の仏国土《ぶつこくど》の荘厳功徳を観察す。二には阿弥陀仏の荘厳功徳を観察す。三には彼の諸菩薩の荘厳功徳を観察す。

㈤回向門：一切苦悩の衆生《しゅじょう》を捨てずして、心に常に願を作し、回向を首となす。大悲《だいひ》心《しん》を成就することを得んとするが故なり。

最後の回向門で、菩薩は「止《し》観《かん》（śamatha-vipaśyanā）」を修し、五念門の実践で積んだ一切の善根《ぜんこん》功徳を回向し、自他ともに安楽国土に往生することを願うことが敷衍されている。五念門のうち前の四念門によって自利《じり》、第五門の回向門によって利他《りた》を成就し、五念門全体で自利利他が満足し、速やかに仏果が成就すると言う。このように、称名のみが浄土往生の行ではなく、「五念門」全体で往生の因となっている。

世親の浄土教

ではここで、往生の方法とされる「念仏／称名」という観点から世親の浄土教の特徴を考えてみよう。「念仏／称名」について、龍樹には「称名（加行）→念仏（色身→法身→実相）」という流れが確認できたが、世親はどうか。まずその大前提となるのは、世親が瑜伽行唯識派の仏教徒であること、したがって『往生論』も「瑜伽行唯識派の修道論に基づいて説かれた論書」という点だ。これを忘れ、日本の浄土教的フィルターを通して世親の浄土教および『往生論』をみると、大きな陥穽に落ちる。

それを踏まえて次に進もう。先ほど指摘したように、世親の浄土教で大事な行は「止観」である。㈢作願門では「止／奢摩他（śamatha）」、㈣観察門では「観／毘婆舎那（vipaśyanā）」、そして㈤回向門では「止観（śamatha-vipaśyanā）」の実践が強調されていた。そこで瑜伽行における止観とはいかなる行かを解説しておく。

瑜伽行派における修道論の主眼は、仏が教えるすべての物事（一切法）を、既成概念として言葉通りに理解して能事終われりとするのではなく、仏がそれらの物事に託して教えようとした意図を、法を対象とする瞑想行を通して聞き取り体得しようとするところにある。そのためには心を教えられた物事（法）に集注し（śamatha, 奢摩他・止）、その物事を明瞭に見通す行（vipaśyanā, 毘婆舎那・観）である瑜伽行（yogācāra）の実践が必要とされる（小谷［2015：135］）。

確かに(二)讃歎門では称名思想がみられるが、世親にとって往生に必要な行は「止観」である。これを踏まえ、「五念門」の「念」の語義を考えてみよう。『往生論』は漢訳しかないので原語を推定することは難しいが、それは「作意《さい》／思念」を意味するmanas(i)kāraであると想定されている。

小谷によれば、作意とは「心を〔特定のことがらに向け〕働かせること／心に注意を喚起すること／思念すること」を意味し、正しく心を特定の対象に向かわせ、心に注意を喚起し思念するという行を行うことが瑜伽行であり、作意行が重要なのは、それが行者に見《けん》仏《ぶつ》の体験をもたらすからであると言う。とすれば、世親の『往生論』には「誓願《せいがん》をなすこと／善根を修すること／作意をなすこと（念仏）／臨終に見仏すること／死後に往生すること」という要件を備えた浄土教の姿が浮かび上がってくる。

『往生論』は阿弥陀仏が浄土に往生させるのは、凡夫《ぼんぶ》ではなく菩薩の十地の初地《しょじ》以上の菩薩とした。つまり『往生論』の基本姿勢は、極楽浄土への往生に関して、阿弥陀仏の〈他《た》力《りき》〉に与る前には、菩薩として止観を修するという唯識瑜伽行派的な〈自力《じりき》〉が必要だった。換言すれば、止観によって阿弥陀仏を見る初地直前までは〈自力〉、そして初地に至れば阿弥陀仏の本願力《ほんがんりき》という〈他力〉で極楽浄土に往生できる。よって、最初から最後まで阿弥陀仏の他力によるのではなく、最初は自力が必要とされるのだ。これがインドの文脈に即して理解する世親の浄土教なのである（大竹［2011：296–298］）。

二　曇鸞と道綽

曇鸞の浄土思想

では次に、中国における念仏の進化をみていく。曇鸞《どんらん》（四七六～五四二）は鳩摩羅什《くまらじゅう》が訳出した龍樹の『中論《ちゅうろん》』『十二門論《じゅうにもんろん》』『大智度論《だいちどろん》』と提婆《だいば》の『百論《ひゃくろん》』を合わせた「四論《しろん》」と仏性《ぶっしょう》とを極めたが、菩提流支との出会いを機に浄土教に回心し、世親の『往生論』に対する注釈書『往生論註（論註）』を著した。では石川［2009］を参考に、曇鸞の「念仏／称名」思想に焦点を当て、その特徴を確認してみよう。

『論註』にみられる「十念」が何を意味するのかについては、研究者によって見解が分かれていた。その主なものは、次の四つに分類できる。すなわち、㈠称名説、㈡憶念説、㈢憶念と称名の両義とみる説、そして㈣往生を願う心の状態とみる説である。『論註』では三箇所にわたり「十念」が説かれているが、ここではその内容を確定する上で充分な用例を一つだけ取りあげよう。「一念」の〝時間〟を問題にした問答で、次のような記述がみられる。

問うて曰く：幾くかの時をか名づけて一念と為す。
答えて曰く：百一の生滅《しょうめつ》を一刹那《せつな》と名づけ六十刹那を一念と為す。此の中に念と云うは、此の時節を取らざるなり。但だ阿弥陀仏を憶念するを言うのみ。若しくは総相《そうそう》、若しくは別相《べつそう》、観縁する所に随いて心に他想なく、十念相続するを名づけて十念と為す。但だ名号を称うるも亦た復た是の如し（T. 1819, xl 834c13–17）。

「一般に一念は六〇刹那をいうが、十念とは時間のことを問題にしているのではなく、阿弥陀仏の総相（全体の姿）と別相（個別〔手・足・胴体など〕の姿）を憶念し、その憶念する姿を縁として、心の中にそれ以外の想を抱くことなく、それを十回相続することを「十念」と言う。名号を称えることも同様に、時間を問題にしているのではない」というのが曇鸞の解釈である。

これから明らかなように、十念と称名は〝別物〟であり、曇鸞は「阿弥陀仏の名号を十回称えること」を「十念」とは理解していない。曇鸞の言う十念の具体的中身は、阿弥陀仏の総相と別相とを憶念する「観想念仏」である。よって石川は、曇鸞の十念についての先述の四説のうち㈡憶念説を採るが、妥当な見解である。ただし、念仏と称名は行として別個だが、〝併修〟すべきものとして説かれている点は注目してよい。たとえば『往生論』は讃歎門の行業について、「讃歎とは何かというと口業による讃歎である」と前置きし、「彼の如来の名を称え、彼の如来の光明智相の如く、彼の名義の如く、如実に相応を修行せんと欲す」とする箇所を、曇鸞は次のように解説する。

「彼の如来の名を称え」とは：謂く、無礙光如来の名を称うるなり。
「彼の如来の光明智相の如く」とは：仏の光明は是れ智慧の相なり。此の光明、十《じっ》方世界《ぽうせかい》を照らすに障礙あることなし。能く十方衆生の無明《むみょう》の黒闇を除く。日月珠光の但だ空穴の中の闇を破するが如きには非ざるなり。

「彼の名義の如く、如実に相応を修行せんと欲す」とは：彼の無礙光如来の名号は、能く衆生の一切の無明を破し、能く衆生の一切の志願を満たす。然るに、称名憶念すれども、無明なお在りて所願を満たさざる者のあるは何ぞや。如実に修行せずして、名義と相応せざるに由るが故なり（Ibid. 835b14–22）。

世親は『往生論』で讃歎門の行業を「口業」に限定して説いているのに、曇鸞はそれを釈して「称名」に「憶念」を付加している（傍線部）。この用例から、石川は「曇鸞が称名を実践する際に、単に口業としてその行業を行うのみではなく、憶念が不可分のものであると認識していたことが推察される」と指摘する。曇鸞の『往生論』注釈の背景に龍樹の『十住論』があったことはすでに指摘したが、龍樹の『十住論』自体が称名と念仏を併修し、念仏の導入的な行として称名を位置づけていたことを考えれば、曇鸞の理解（称名と念仏の併修）も、龍樹の思想に影響を受けていると考えられる。

道綽の浄土思想

道綽《どうしゃく》（五六二～六四五）が「禅師」と呼ばれ、彼が著した『安楽集《あんらくしゅう》』が『観経』を中心として安楽浄土の教義を提起し解明した書だとすれば、彼が考えた往生の方法は「観仏三昧《かんぶつざんまい》（≒念仏三昧）」である。この立場は第一大門（浄土の教えについての総説）で、「今、此の観経は観仏三昧を以て宗と為す。若し所観を論ぜば、依正二報に過ぎず」（T. 1958, xlvii 5a26–27）と表明される。この観仏三昧は、聖道門の説く「理観《りかん》（抽象的真理を対象とする観法）」ではなく、依報《えほう》（極楽浄土）と正報《しょうぼう》（阿弥陀仏）とを観察（≒念）の対象とする「事観《じかん》（具体的な姿を対象とする観法）」であることが強調されている（千賀［1994：112］）。

これを承け、第四大門（念仏三昧による浄土往生）において念仏三昧が詳説される。ここではさまざまな経文を引用しながら、道綽は八種の三昧を紹介しているが、最初の二つは一相三昧（＝一行三昧）、後の六つは念仏三昧である。このように禅師である道綽の基本的立場は観仏（念仏）三昧（あるいは単に念仏）であることは間違いない。これ以外にも念仏（三昧）に言及する箇所は多い。

・『観仏三昧経』の引用：一切衆生、生死の中に在りて念仏する心も亦た復た是の如し。但だ能く念を繋けて止まざれば、定んで仏前に生ぜん（Ibid. 5b16–18）。
・『華厳経《けごんぎょう》』の引用：若し人、菩提心《ぼだいしん》の中に念仏三昧を行ぜば、一切の煩悩《ぼんのう》、一切の諸障、悉く皆断滅す（Ibid. 5b29–c1）。

・『大乗起信論』の引用：意を専らにして念仏する因縁を以て、願に随いて往生す。常に仏を見るを以ての故に永く悪道を離る（Ibid. 17a1–2）。

・『大悲経』の引用：若し専ら念仏相続して断えざる者は、其の命終に随いて定んで安楽に生ず（Ibid. 17a20–21）。

・道綽の主張：若し十年五年、阿弥陀仏を念じ、或いは多年に至ることを得ば、後に無量寿国に生じて、即ち浄土の法身を受くることも恒沙《ごうじゃ》無尽にして不可思議なり（Ibid. 20b2–4）。

しかし、その一方で、「称名」にも少なからず言及している点に注意しなければならない。冒頭の第一大門では、こう説かれる。

　計るに、今時の衆生は即ち、仏、世を去りて後の第四の五百年に当る。正しく是れ懺悔し福を修し、応に仏の名号を称すべき時の者なり。若し一念阿弥陀仏を称せば、即ち能く八十億劫《こう》生死の罪を除却す。（中略）如し聖を去ること已に遠ければ、則ち後の者は称名是れ正なり（Ibid. 4b16–22）。

このように、末法《まっぽう》（＝後の第四の五百年）において相応しい行として、称名を挙げる。このほかにも称名に言及する用例は、次のとおりである。

（道綽の主張）或いは仏の法身を念じ、或いは仏の神力を念じ、或いは仏の智慧を念じ、或いは仏の毫相《ごうそう》を念じ、或いは仏の相好《そうごう》を念じ、或いは仏の本願を念ず。称名も亦た爾なり。但だ能く専至相続して断えざれば、定んで仏前に生ず（Ibid. 11b7–10）。

（『論註』からの引用だが、出典を明記せず）彼の下品往生の人は法性《ほっしょう》の無生を知らずと雖も、但だ仏名を称する力を以て往生の意を作して彼の土に往生せんと願わば、既に無生の界に至る（Ibid. 11c28–c1）。

しかしながら称名は、このように単独で用いられるよりも、念仏（及び十念）との関係で説かれることの方が多い。では念仏と称名とはいかなる関係にあるのか。

念と称の関係

法然《ほうねん》は念仏（とくに十念）を称名と同一視し、観想念仏と区別するために「称名念仏」

とも表現するが、本来、両者は別物である。『安楽集』でもその態度は変わらないが、まったく別物でもない。では、どのような関係にあるのかを考察するが、その前に『安楽集』の説く十念についてみておく。第二大門では、「十念とはどれほどの時間の長さを言うのか」という問いに対し、道綽はこう答える。

経に説きて云うが如く、百一の生滅は一刹那を成ず。六十刹那を以て一念と為すと。此れ経論に依りて汎く念を解す。今時、念を解するに此の時節を取らず。但だ阿弥陀仏、若しくは総相、若しくは別相を憶念して、縁観する所に随いて十念を経るに、他の念想間雑すること無き、是れを十念と名づく。又た云うべし、十念相続とは、是れ聖者の一の数の名なるのみ。但だ能く念を積み思いを凝らして他事を縁ぜず。業道をして成弁せしむれば、便ち罷て用いず。亦た未だ労しく之が頭数を記せず。又た云うべし、若しくは久行の人の念は多く応に此に依るべし。若しくは始行の人の念は数を記するも亦た好し、此れ亦た聖教に依るなり（T. 1958, xlvii 11a19–27）。

これは先ほど見た曇鸞の解釈と基本的に同じである。では、この十念と称名との関係は、『安楽集』でどう説かれているのか。その用例を列挙してみよう。

・道綽の主張：弥陀の名号を称して安楽国に生ぜんと願わば、声声相次いで十念を成ぜしむなり（Ibid. 11b26–27）。

・『大経』の引用：命終の時に臨んで十念相続して我が名字を称せんに（『大経』の原文は「乃至十念」）、若し生ぜずんば、正覚《しょうがく》を取らじ（『大経』の第十八願が『観経』の下下品によって解釈されている）（Ibid. 13c12–13）。

・『文殊師利所説摩訶般若波羅蜜経《もんじゅしりしょせつまかはんにゃはらみつきょう》』の引用：心を一仏に繋けて専ら名字を称して念ずるに休息無かるべし。即ち是の念の中に能く過現未来三世の諸仏を見る（Ibid. 14c26–27）。【※本書第一章で引用した同経の原文は「心を一仏に繋けて専ら名字を称すべし」であり、「念ず」という表現はなかった。おそらく道綽の加筆であろう。というのも、これがなければ、次の文に続かないからである】

・『鼓音陀羅尼経《くおんだらにきょう》』の引用：能く正しく彼の仏の名号を受持して、其の心を堅固にして憶念して忘れざれ。十日十夜、散乱を除捨し、精勤に念仏三昧を修習して、若し能く念念に絶えざらしむれば、十日の中に必ず彼の阿弥陀仏を見るを得て、皆往生することを得（Ibid. 17a4–8）。

これらの用例から、称名が念仏の補助的（あるいは導入的）な行として機能していることが推察される。念仏（三昧）は高度な行であり、誰でも実践できるわけではない。ここで紹介した最初の用例は「聖なる教えを聞いても発心《ほっしん》せず、臨終の間際になってから修念しようとするのはどうか」という問いに対して答えたもので、その前段には「十念相続は難しい。というのも、凡夫の心は常に散乱し、定まることがないので、あらかじめ信心《しんじん》を発《お》こし、剋念せよ（取意）」とあるからだ。

一方、称名は口に阿弥陀仏と称えるだけなので実践しやすい。つまり、龍樹の『十住論』のように、十念あるいは念仏（三昧）は称名を方便（導入の行）として実践されたと考えられる。道綽の改変による『大経』の用例を除けば、その順番は必ず称名が念仏に先立つ。阿弥陀仏の名号を称えることで、十念が成就しやすくなるという構図だ。

また『安楽集』には「称」と「念」とを合わせ、「称念」という表現もみられる。問いとして「若し人、但だ弥陀の名号を称念せば、能く十方衆生の無明の黒闇を除いて往生すというは、然るに衆生有りて、称名憶念すれども（後略）」（Ibid. 12a21–22）、また『大法鼓経』を引用して「常に能く意を繋けて諸仏の名号を称念すれば、十方の諸仏、一切の賢聖、常に此の人を見ること、目の前に現ずるが如し」（Ibid. 17a16–18）との用例もあるが、やはり順番は「称が先、念が後」である。

以上、称名と念仏は本来、別個の行であったが、インド仏教以来、密接な関係にあり、併修されてきたことがわかる。この伝統は中国仏教においても継承され、曇鸞や道綽もこの二つの行の併修を説くが、ただしその関係は〝同等〟ではなく、称名は念仏の補助的（導入的）行という位置づけに甘んじていた。そしてこの両者の関係は、善導《ぜんどう》の出現により大きく変更されることになる。

三　善導

善導の著書

善導（六一三〜六八一）は中国浄土教の大成者と位置づけられる。その功績は多々あるが、日本の浄土教を考える上で最も重要なのが、称名を念仏と同一視したことである。従来の「称名と念仏」が、善導によって「称名が念仏」と解釈され、この解釈が日本の浄土教、とりわけ日本浄土教の流れを大きく変えた法然に大きな影響を与えた。では、称名と念仏に関する善導の浄土教を紹介する前に善導の著書についてまとめておく。

㈠『観無量寿経疏』（＝『観経疏』）四巻

玄義分：『観経』の深遠な意義を明かす部分であり、『観経』の本文を注釈するに先立って、本経の中心思想を明らかにしたもの。善導浄土教の総論にあたる

序分義：『観経』の序文（冒頭から十六観の直前までの部分）に対する注釈部分

定善義：「定善」とは心を統一して行う善行の意味で、『観経』十六観のうち最初の十三観を定善とし、それを注釈した部分

散善義：「散善」とは平常の散乱した心のままで行う善行の意味で、『観経』定善の十三観に続く三観（九品往生）を散善とし、それを注釈した部分

㈡『法事讃』二巻：『阿弥陀経』を読誦《どくじゅ》しながら、仏の周りをゆっくり歩いて浄土往生を願う法会の儀式を讃美した書

㈢『観念法門』一巻：三段から成り、第一段は、『観経』や『般舟三昧経』によって観仏三昧や念仏三昧の法を、また道場内での懺悔・発願の法を明かし、第二段は経によって五種の増上縁《ぞうじようえん》を明かし、第三段は三つの問答を設けて、浄土の教えを信じない者が受ける罪報や、信じて修行する者の功徳や懺悔滅罪の方法について述べた書

㈣『往生礼讃』一巻：一日を日没・初夜・中夜・後夜・晨朝・日中の六時に分け、各時に讃偈を配し、浄土往生を願ってこれを唱え、至心《ししん》に阿弥陀仏に帰命し、礼拝・懺悔

する実践法を述べた書

(五)『般舟讃』一巻：七言の讃偈三七篇より成る本文と、その前後に短い前文と後文を付した三段で構成される書

ではこれを踏まえ、齊藤［2018］に基づき、称名と念仏に関する善導の浄土教を紹介しよう。

善導浄土教の「念」と「称（＝声）」

善導の著作には、数多くの「念」と「称（声）」の用例が確認できるので、それらの用例をピックアップしてみよう。まずは「念」の用例から。

『観経疏』「玄義分」

・但だ能く上は一形を尽くし、下は十念に至るまで、仏願力を以て、皆往かずということ莫し（T. 1753, xxxvii 250b7–8）。

『観経疏』「定善義」

・自余の衆行も、是れ善と名づくと雖も、若し念仏に比せば、全く比較に非ざるなり

（Ibid. 268a13–14）。

・是の故に諸経の中、処処に広く念仏の功能《くのう》を讃ず。『無量寿経』の四十八願の中の如き、唯だ専ら弥陀の名号を念じて生ずるを得ることを明かす（Ibid. 268a15–16）。

・又た『弥陀経』の中の如き、一日七日専ら弥陀の名号を念じて生ずることを得。また十方恒沙の諸仏、不虚を証誠するなり（Ibid. 268a17–18）。

・又た此の経の定散の文の中に、唯だ専ら名号を念じて生ずるを得ることを標す。此の例、一に非ず。広く念仏三昧を顕し竟んぬ（Ibid. 268a18–20）。

『観経疏』「散善義」

・一心に専ら弥陀の名号を念じて行住坐臥《ぎょうじゅうざが》に時節の久近を問わず、念念に捨てざる者、是れを正定の業と名づく。彼の仏の願に順ずるが故に（Ibid. 272b6–8）。

・念仏と言うは、即ち専ら阿弥陀仏の口業の功徳、身業の功徳、意業《いごう》の功徳を念ず。一切諸仏も亦た是の如し（Ibid. 273c11–12）。

『法事讃』

・極楽は無為涅槃界《むいねはんがい》なり。随縁の雑善、おそらくは生じ難し。故に如来をして要法を選ばしめ、教えて弥陀を念ぜしむること専らにして、復た専らならしむ（T. 1979, xlvii 433b22–23）。

・上は一形を尽くし〔下は〕十念に至り、三念五念まで仏は来迎《らいごう》す。直に弥陀の弘誓は重きが為に、凡夫をして念ずれば即ち生ぜしむるに致る（Ibid. 435b10–12）。

・罪と福と時との多少を問うことなく、心心に念仏して疑いを生ずること莫かれ（Ibid. 437b4）。

『観念法門』

・即し何の法を持ちて此の国に生ずること得るやと問わば、阿弥陀仏は報えて言く、来《らい》生《しょう》せんと欲せば、当に我が名を念ずべし。休息すること有ること莫かれ。即ち来生することを得ん（T. 1959, xlvii 24a19–21）。

・道場の中に於いて昼夜に心を束ね、相続して専心に阿弥陀仏を念じて、心と声と相続し、唯坐唯立して、七日の間、睡眠することを得ざれ。亦た時に依りて仏を礼し経を誦すべからず。数珠も亦た捉るべからず。但だ合掌し仏を念じ念念に見仏の想いを作すのみと知るべし（Ibid. 24b5–9）。

・正しく仏を念ずる時、若し立たば即ち立ちて一万二万を念じ、若し坐せば即ち坐して一万二万を念ぜよ（Ibid. 24b10–11）。

・或いは願いて阿弥陀経を誦すること十万遍を満たし、日別に念仏すること一万遍、経を誦すること日別に十五遍、或いは誦すこと二十遍三十遍、力の多少に任すべし（Ibid.

24b17–20)。

『般舟讃』

・畢命を期と為して専ら念仏すれば、須臾《しゆゆ》に命断ちて仏は迎将す（T. 1981, xlvii 449a10)。

・万行倶に回して皆往くことを得るも、念仏の一行は最も尊為り（Ibid. 453b16)。

・念仏は即ち是れ涅槃の門なり（Ibid. 454c15)。

こうしてまとめると、念の対象は「仏」あるいは「〔仏の〕名号」であることがわかるが、この場合の「念」は従来の「念（smṛti)」か、あるいは「称」かは、その文脈から判断できない。次に、善導の著作において「称」の用例を拾ってみよう。

『観経疏』「散善義」

・仏の願意に望むれば、唯だ正念に名を称することを勧む。往生の義疾きこと、雑散の業に同じからず。此の経及び諸部の中の如き、処処に広く歎じて、勧めて名を称せしむるを、将て要益とするなり（T. 1753, xxxvii 276c2–4)。

・上来、定散両門の益を説くと雖も、仏の本願に望むれば、意は衆生をして一向に専ら弥陀仏の名を称せしむるに在り（Ibid. 278a24–25)。

『観念法門』

・乃ち弥陀の本願力に由るが故に、女人は仏の名号を称すれば、正しく命終の時、即ち女身を転じて男子と成ることを得（T. 1959, xlvii 27b17–19）。

『往生礼讃』

・弥陀の本弘誓願及び名号を称すること、下は十声一声等に至るまで、定めて往生することを得と信知し、乃至一念まで疑心あることなし。故に深心《じんしん》と名づく（T. 1980, xlvii 438c8–10）。

・又た『文殊般若』に云うが如し。「一行三昧を明かして唯だ勧む。独り空閑に処して、諸の乱意を捨て、心を一仏に係けて相貌を観ぜず、専ら名字を称すれば、即ち念の中に於いて彼の阿弥陀仏及び一切の仏等を見ることを得」と（Ibid. 439a24–26）。

・大聖は悲憐して直ちに勧めて専ら名字を称せしむ。正に称名は易きに由るが故に、相続して即ち生ず（Ibid. 439a29–b1）。

・一切の諸仏は三身《さんじん》同じく証し、悲智の果は円かに、亦た応に無二なるべし。方に随いて礼念し一仏を課称せば、亦た生ずることを応に得べし（Ibid. 439b7–9）。

・上は一形を尽くし、下は十声一声等に至るまで、仏願力を以て往生すを得ること易からしむ（Ibid. 439b13–14）。

『般舟讚』

・一日七日、専ら仏を称すれば、命断じて須臾に安楽に生ず（T. 1981, xlvii 448c5）。

・念念に称名して常に懺悔す。人能く仏を念ずれば、仏還た憶す（Ibid. 452b17）。

「念仏と称名」から「念仏が称名」へ

このように「称（声）」の用例も善導の著作に散見するが、ではこの念と称との関係はどう考えればよいであろうか。それを解く鍵は『無量寿経』の第十八願を善導がどう解釈しているかをみれば、一目瞭然である。まずは『無量寿経』の原文が『観経疏』に引用されるさい、どのような改変が加えられているかを確認してみよう。

『無量寿経』：設我得仏　十方衆生　至心信楽　欲生我国　乃至十念　若不生者　不取正覚（設し我、仏を得たらんに、十方の衆生、至心信楽して我が国に生ぜんと欲し、乃至十念せん。若し生ぜずんば、正覚を取らじ）（T. 360, xii 268a26–27）。

『観経疏』：若我得仏　十方衆生　称我名号　願生我国　下至十念　若不生者　不取正覚（若し我、仏を得たらんに、十方の衆生、我が名号を称して我が国に生ぜんと願い、下は十念に至らんに、若し生ぜずんば、正覚を取らじ）（T. 1753, xxxvii 250b16–17）。

傍線部分に注目すれば、『無量寿経』の「至心信楽」は『観経疏』で「称我名号」に置き換えられ、「称名」が突如として第十八願に顔を出す。しかし、これだけでは「称名」と「十念」は並列の関係にあり、「称名＝念仏」を主張するには弱い。そこで、善導が著した他の資料に注目する。用例は『観念法門』と『往生礼讃』から。ここでも『無量寿経』第十八願を引用するが、そこには次のような読み換えがみられる。

『観念法門』：若し我、仏を成ぜんに、十方の衆生、我が国に生ぜんと願い、我が名字を称して下は十声に至らんに（称我名字下至十声）、我が願力に乗じて、若し生ぜずんば、正覚を取らじ（T. 1959, xlvii 27a17–19）。

『往生礼讃』：若し我、仏を成ぜんに、十方の衆生、我が名号を称して下は十声に至らんに（称我名号下至十声）、若し生ぜずんば、正覚を取らじ（T. 1980, xlvii 447c24–25）。

「我が名字を称して」の新たな付加に加え、「乃至十念」を「下至十声」と読み換えている。ここに至って完全に称名は念仏と同一視され、「称名＝念仏（称名が念仏）」という新たな念仏観が樹立された。ほかにも同様の読み換えは善導の著書の随処にみられ、藤田

[1985：116] はこれを「善導はまた『阿弥陀経』や『般舟三昧経』の経文を引用し解釈する際にも「専念《せんねん》」「称」「称念」「十声」「一声」「口称《くしょう》」など経文にない語句を補って読み換えている。(中略) 善導にとっては、念仏の「念」と「声」「称」は同義であり、それゆえに「称念」の語を用い、それを「専念」とも「専称」ともいい、かくして念仏すなわち称名という理解を確立しようとした」と指摘する。

これを前提にするなら、最初に紹介した「念」の用例は「称」に読み換えて理解すべきことがわかる。善導にとって「念仏」とは「称名」に他ならなかったのだ。ではなぜそのような置き換えが可能だったのか。

宗教体験の重要性

このような読み換え、あるいは再解釈は、〝恣意的〟ともとられかねない。たとえば津田 [1957：5] は、「故意の改作と錯誤との二つのみちすぢが考えられるが (中略)、彼等の尊重する経典そのものに対しても、彼等みづからのしごととしても、極めて不忠実な、恣な、また甚だしく不用意な、しわざであつたに違ひない」と厳しく批判する。この批判にどう答えるべきか。ここでは宗教体験の重要性に焦点を絞って私見を述べる。

ブッダを嚆矢とし、歴史上の仏教者たちは「理法《りほう》のトランスレーター (理法の〝声なき声〟を人間の言語に翻訳して伝える人／理法を教法《きょうほう》に翻訳する人）」であったと解釈することも可能である。たとえば、ブッダは出家《しゅっけ》して覚るまでの六年間、必死に理法と格闘し、その理法のトランスレーターとして、理法の声を言語化した。この理法との格闘が宗教体験（感応道交《かんのうどうこう》）だ。

ブッダに続き、後の仏教徒たちも理法と格闘し、宗教体験を持った。本書で取りあげた仏教家たちは、聡明な〝学者〟であると同時に敬虔な〝仏教徒〟でもあった。仏典を読み、自らの修行体験の中で理法と格闘し、「仏典の読誦」と「修行の実践」とを往還しながら時機《じき》相応《そうおう》も意識して理法の声を聞き、経典を再解釈してそれを新たな教法に進化させた。ここで彼らは〝理法の聞き手〟から〝教法の語り手〟へと姿を変える。

何かを立証／立論する場合、仏教では教証《きょうしょう》や理証《りしょう》が重要であり、私はこれに「体証（宗教体験による証明）」を加えることはすでに指摘したが、仏教が変容する要因となった「聖典解釈」の背後にはこの体証があったはずだ。教証や理証に加え、体証に裏打ちされてこそ、その解釈は恣意性を脱却できる。ただし、その解釈が真の宗教体験に基づき、理法の声を如実に言語化しているかどうかは直ちに判断できない。判断基準があるとすれば、「それが苦の滅に資する教えとして継承され、自然選択の圧に負けず、後世に生き残るかどうか」だ。

仏教は苦からの解脱《げだつ》を目指す宗教だ。苦の本質は同じだが、その苦を感じている人間は固有の時代性と地域性の中で生活しているので、苦からの解脱の方法もその時代性と地域性とを意識して〝カスタマイズ（時機相応化）〟する必要がある。だから時代とともに教法が進化するのは必然であり、その歴史が仏教思想の軌跡なのである（平岡［2018b］）。善導の大胆な解釈を陰で支えるのは、彼が経験した宗教体験による揺るぎない信念ではなかったか。

本願念仏

善導の功績は、念と称（声）とを同一視したことに加え、「本願念仏」を提唱したことにある。一切の衆生が念仏で等しく救済される根拠は、阿弥陀仏が法蔵菩薩《ほうぞうぼさつ》の時代に立てた四八の誓願のうち、第十八願である。「十念する者を極楽に往生させよう。この願が成就しない間は覚りを開かない」と誓い、ついに覚りを開き阿弥陀仏になったのであるから、「十念すれば必ず往生する」ことは保証されているはずである。つまり、法蔵菩薩の〝誓願〟が阿弥陀仏の〝本願（過去の誓願）〟になったことが救済の根拠となる。この阿弥陀仏の本願力が衆生に働くことで往生が可能になるが、これが本願念仏（本願で誓われた念仏）だ。ではこの本願念仏は、善導の著作においてどう説かれているのか。先ず指摘すべきは、法然を回心させた『観経疏』「散善義」の一節である。

一心に専ら弥陀の名号を念じて行住坐臥に時節の久近を問わず、念念に捨てざる者、是れを正定の業と名づく。彼の仏の願に順ずるが故に（T. 1753, xxxvii 272b6–8）。

このほかにも、次の用例がみられる。

・『観経疏』「玄義分」：一心に信楽して往生を求願すれば、上は一形を尽くし、下は十念を収む。仏の願力に乗じて、皆往かずということ莫し（Ibid. 247b9–10）。

・『観経疏』「散善義」：「仏、阿難に告ぐらく『汝、好く是の語を持して』」より已下は、正しく弥陀の名号を付属して遐代に流通せしめることを明かす。上来、定散両門の益を説くと雖も、仏の本願に望むれば、意は衆生をして一向に専ら弥陀仏の名を称せしむるに在り（Ibid. 278a23–26）。

・『往生礼讃偈』：若し能く上の如く念念相続して、畢命を期となす者は、十は即ち十生じ、百は即ち百生ず。何を以ての故に。外の雑縁なくして正念を得るが故に、仏の本願と相応することを得るが故に。教えに違せざるが故に、仏語に随順するが故なり

(T. 1980, xlvii 439b17–19)。

齊藤［2018：8］は、「中国仏教史において善導ほど阿弥陀仏の本願を強調した人師はおらず、彼の著作を一読すれば、本願や誓願、およびそれに類する用語の多さに気づかされる」と言う。また『観経疏』「玄義分」に「一心に信楽して往生を求願すれば、上は一形を尽くし、下は十念を収む。仏の願力に乗じて、皆往かずということなし」、『法事讃』に「弥陀の願力、皆平等なり」、また『般舟讃』に「四十八願ここに因りて発こす。一一の誓願は衆生の為なり」とあることから、「阿弥陀仏の誓願はひとえに一切衆生に対して公平に作用していることを根拠として、口称念仏によって凡夫が往生できるということを断言できたのである」と指摘する。

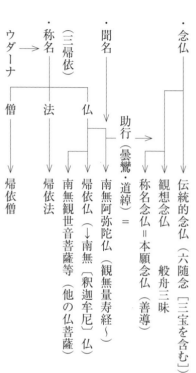

【ステージ3】

・念仏 ――→ 伝統的念仏（六随念〔三宝を含む〕）
　　　 ――→ 観想念仏　般舟三昧
　　　 ――→ 称名念仏＝本願念仏（善導）

・聞名 ――→ 南無阿弥陀仏（観無量寿経～）

（三帰依）
・称名 ←―― ウダーナ
　仏 ――→ 帰依仏（→南無〔釈迦牟尼〕仏）
　　 ――→ 南無観世音菩薩等（他の仏菩薩）
　法 ――→ 帰依法
　僧 ――→ 帰依僧

助行（曇鸞・道綽）＝ ――→ 称名念仏

善導が「念仏＝称名」と解釈したことで、ステージ1とステージ2が合体する。念仏と称名は本来、別個の行であったが、インド仏教以来、近い関係にはあった。それは中国の曇鸞や道綽にも継承された。ただし、その関係は称名が〔観想〕念仏の助行、すなわち補助的かつ導入的位置づけにあったが、善導が念仏を称名とみなしたことで、「南《な》無《む》阿《あ》弥《み》陀《だ》仏《ぶつ》」と声に出して称えることが念仏、すなわち称名念仏となり、またその称名念仏は阿弥陀仏の本願にかなった念仏であるから、「念仏を称えれば往生できる」という「本願念仏」になった。このように念仏は中国に入っても進化を続けていく。

第四章　日本での進化

一　法然以前

智光

日本に仏教が伝来して以来、法然《ほうねん》（一一三三～一二一二）の出現まで、浄土教《じようどきよう》は多様な進化を遂げたが、ここでは念仏《ねんぶつ》と称名《しようみよう》の関係に絞って、その展開を整理する。まずは奈良時代の智光《ちこう》から。

三論宗《さんろんしゆう》の学僧であった智光（七〇九～七八〇?）は浄土教学にも精通し、浄土教の仏典に関する著書も残している。『日本霊異記』によれば、彼は僧院に籠もって学究に励む学僧にとどまらず、在地に赴き、在地の人々への教化活動を行う教化僧としての一面を持っていた。念仏と称名の関係を、彼の著書『無量寿経論釈《むりようじゆきようろんしやく》』に探ってみよう。

一心専念《せんねん》は念仏に二つあり。一つは心念、二つは口念なり。心念亦た二つ。仏の色《しき》身《しん》を念ずるを謂うは八万四千相等是れなり。仏の智身を念ずるを謂うは大悲力《だいひりき》等なり。其れ口念は若し心に力無くば、口を将いて仏を念じ、心をして乱れざらしむ（恵谷［1958：10.9–10］）。

このように、智光は三種類の念仏を説くが、これをまとめると、まず念仏に口念と心念の二つがあり、口念は口称念仏《くしょうねんぶつ》に相当する。一方の心念には観想《かんそう》念仏と信心《しんじん》念仏の二つがあり、観想念仏は目に見える仏の色身を念ずる念仏、信心念仏は目に見えない仏の諸徳を念ずる念仏、ということになる。

この中では信心念仏の起源が一番古く、初期経典にまで遡る念仏本来の行である。そこから発展したのが観想念仏であり、称名念仏は中国の唐代を起源とする行である。ここで重要なのが心念と口念の関係だ。心念に力が無い場合には声に出して念仏を称えて心の乱れを防ぐように勧めているので（傍線部）、ここでも称名念仏は観想念仏の補助的かつ導入的な行（加行《けぎょう》）に位置づけられている。よって、智光が人々に浄土教を教化する場合、まずは導入的な行である口称念仏を勧めていたと推測でき、また阿弥陀悔過《あみだけか》でも数珠を用いて称名念仏を実践し、それによって心が静まれば観想念仏を修するというように、観想念仏のみならず称名念仏も重視した（平岡［2018b］）。

源信

石田［1992］を参考に、源信《げんしん》の念仏観を紹介しよう。源信（九四二〜一〇一七）の主著は四四歳の時に著された『往生要集《おうじようようしゆう》』だが、ここではまずその『往生要集』執筆の引き金となった『阿弥陀仏白毫観《あみだぶつびやくごうかん》』について触れておく。その冒頭で源信は「阿弥陀仏を観念せんと欲せば、まずはただ応に白毫の一相を観ずべし」と前置きしているように、これは阿弥陀仏の白毫という一相に限った観想念仏を説いている。

その具体的な内容は、白毫の相貌（姿形）という外に現れた差別（具体）相を観想する〝事観《じかん》〟と、その差別（具体）相を離れた、白毫の本質たる真如の理を観想する〝理観《りかん》〟の二つがある。これにより、観想者は罪を滅し、心の乱れを除き、仏を見ることが可能になり、仏から記別《きべつ》（成仏の予言）を授かることもあると言う。このように源信の念仏の基本は観想念仏であり、この傾向は主書『往生要集』にも継承される。

では次に『往生要集』を手がかりにしながら、源信の念仏観を確認していこう。『往生要集』は源信の浄土教に対する理解を体系的に明らかにした書であり、その内容は一〇章から成るが、それを序論・本論・補遺に分類すると、次のようになる。

㈠序論：①厭離穢土　②欣求浄土　③極楽証拠
㈡本論：④正修念仏　⑤助念方法　⑥別時念仏
㈢補遺：⑦念仏利益　⑧念仏証拠　⑨諸行往生　⑩問答料簡

まず①で過酷な地獄《じごく》の様子が描写され、その直後に②極楽《ごくらく》の功徳《くどく》が一〇項目にわたって詳説される。穢土《えど》を厭離《おんり》し、浄土を欣求する気持ちを読み手に掻き立てる構成だ。つづく③では、往生《おうじょう》が極楽に限定される理由が、弥勒《みろく》の兜率天《とそつてん》との対比で説明されるが、その背景には、忍び寄る末法《まっぽう》の影が源信に影響していた。念仏が「濁世《じょくせ》の衆生《しゅじょう》を利する」と説き、末法をにおわせる記述がみられるからだ。

以上を序論として、本論の④が説かれる。ここで源信は世親《せしん》の『往生論』の五念門《ごねんもん》（礼《らい》拝《はい》・讃歎・作願・観察《かんざつ》・回向《えこう》）を通し、念仏の正しいあり方を説示するが、五念門の中でも作願と観察が中心となる。源信は作願を「菩提心《ぼだいしん》」ととらえ、九品《くほん》の往生は総じて菩提心を発《お》こすことによると理解した。次の観察は止観《しかん》と関連させ、阿弥陀仏を観想する方法を明らかにするが、源信はこれを「色相観《しきそうかん》」と規定した。そして、これに別相《べっそう》観・総相《そうそう》観・

雑略観の三観を立てるが、その内容は以下のとおり。

㈠別相観：阿弥陀仏の身体的特徴（三十二相八十種好《さんじゅうにそうはちじっしゅごう》）を対象として観察すること
㈡総相観：三身《さんじん》（法身《ほっしん》・報身《ほうじん》・応身《おうじん》）一体の身として阿弥陀仏を観想すること
㈢雑略観：難易度の低い観想

別相観は総相観より抽象度の低い観想であるから、難易度の低い観想といえるが、その別相観さえも凡夫《ぼんぶ》には実践が難しい。そこで源信は凡夫のために雑略観（難易度の低い観想）を用意する。よって、これを難易度順に並べ替えると、総相観＞別相観＞雑略観となる。しかし、最も難易度の低い雑略観さえも実践できない凡夫のために、源信が用意したのが称名念仏であり、次のように述べる。

若し相好《そうごう》を観念するに堪えざるもの有らば、或は帰命《きみよう》の想に依り、或は引摂《いんじよう》の想に依り、或は往生の想に依りて、応に一心に称念すべし（花山［1976：191］）。

ここで説かれている三想（帰命想・引摂想・往生想）とは次のとおりである。

㈠帰命想：阿弥陀仏に帰命し、礼拝するという想い
㈡引摂想：阿弥陀仏が自分を極楽に連れて行ってくれるという想い
㈢往生想：浄土に往生したいという想い

「雑略観さえも実践できない者は、このような具体的な想いを抱いて称名せよ」と源信は勧める。『往生要集』が称名念仏に言及する点は注目されるが、源信はこの称名念仏を、法然のように「ただ阿弥陀仏の名号《みょうごう》を称えるだけの易行」と考えているわけではない。源信はこの三想の信のあり方について次のように述べているからだ。

行住坐臥《ぎょうじゅうざが》、語黙作々に、常に此の念を以て胸の中に在くこと、飢えたるものの食を念うが如く、渇けるものの水を追うが如くにせよ。或は頭を垂れ、手を挙げ、或は声を挙げ、名を称え、外儀は異なると雖も、心の念は常に存せよ。念々に相続して、寤寐に忘るること莫れ（花山［1976：192］）。

源信は「念々に相続して失うことなく、つねに自らの内にこの三想を確認し続けなければ

ばならないこと」を強調するので、同じ称名念仏でも、法然のそれとは大きく異なる。ともかく以上のことから、源信は称名念仏よりも観想念仏の方が上位に位置すると考えていたことがわかる〔平岡［2018b］〕。

最後に法然の念仏観の特徴を明確にするため、『往生要集』本論の⑤助念方法と⑨諸行往生についてもみていく。⑤助念方法は、念仏する上でその手助けになる方法のことで、往生という大事を成就するには、④正修念仏だけでは不充分であり、それを助ける補助的な方法が必要であるとの認識から、第五章で源信は念仏を補助する方法に言及する。詳細は割愛するが、法然は本願念仏《ほんがんねんぶつ》を「助をささぬ念仏」とし、補助的な行は往生に不要であり、称名念仏のみで充分往生が可能であるとした。この法然の念仏と比較するとき、源信の段階では、まだ念仏は独立性を確立していなかった。

⑨諸行往生の問題も念仏の独立性と関連してくる。念仏を中心に説きながら、源信は最後の最後で念仏以外の余行でも往生が可能であるとする。不徹底と言えば不徹底だが、石田はここに彼の生きた時代の限界を指摘する。密教事相の全盛期にあって、天台法華《てんだいほっけ》を建前とする動向から推して、極楽往生を念仏一本に絞る思考は狭隘であり、また多くの大乗経典が極楽往生をさまざまな形で説いていること自体が、逆に「諸教」を捨てがたくしたのではないかと言う。くわえて、源信が学んだ浄土教の祖師たちの教えにも、諸行を容認

する姿勢が強かったこともその要因の一つと考えられよう。

これと比較するとき、往生行として法然が本願念仏一行のみを選択したことは、中世の仏教界において実に斬新かつ先駆的であった。すでに指摘したように、多くの大乗経典が極楽往生の方法をさまざまに説いているにもかかわらず、往生行として念仏のみを選択するには、それ相応の理論武装が必要になるが、それについては次節でくわしく取りあげる。

永観

永観《ようかん》(一〇三三〜一一一一)は智光と同じ三論宗の学僧として修学に励んだ。彼の主著は『往生講式《おうじょうこうしき》』と『往生拾因《おうじょうじゅういん》』だが、このうち『往生講式』は往生講(念仏を修する者たちが集団で行う儀礼)の次第・法則・講説内容を記した儀式のマニュアル的な書だ。全部で七つの段階(文)を順番に踏んで儀式が進行し、礼拝や十念などの所作を重ねていくうちに、自然に浄土往生を切望する念仏者として育まれるよう、体系的に設計されているが、念仏観については、『往生拾因』をみなければならない。

では大谷[1993]によりながら、その永観の念仏観を確認してみよう。この書は極楽に往生できる十因を説く。つまり、一心に弥陀を称念すれば、以下の十の理由で往生できると言う。

①広大善根：その善根《ぜんこん》は広大である
②衆罪消滅：諸々の罪は消滅する
③宿縁深厚：その宿縁は深く厚い
④光明摂取：弥陀の光明《こうみょう》が摂取《せっしゅ》してくれる
⑤聖衆護持：弥陀の聖衆《しょうじゅ》が護持してくれる
⑥極楽化主：極楽の化主となる
⑦三業相応：身口意《しんくい》の三業が相応する
⑧三昧発得：三昧《さんまい》〔精神集中〕を発得《ほっとく》する
⑨法身同体：法身と同体となる
⑩随順本願：弥陀の本願に随順する

永観の浄土教の特徴は「一心」にある。たとえば、右記の第八因「三昧発得」の説示の中で、中国の浄土教家である懐感《えかん》（生没年不明。七世紀後半に唐の長安で活躍した僧）が励声《れいしょう》念仏（高声念仏）によって宗教体験したことを承け、自らもこれを実修して次のように述べる。

予、先賢（懐感）を知らんが為に、独り閑室に在って西に向かい、目を閉じ合掌して額に当て、励声に念仏して即ち一心を得たり。敢えて以て乱れず、誠に聖言地に堕せず。行者は仰信すべし、縦い末代と雖も蓋し仏を見る哉。声に仏事を作す、斯の言、誠なりかな（中略）旦暮知り難し。余言を雑えずして励声に念仏せば、当に自ら証あるべし（浄全 xv 386a1–9）。

永観は励声念仏で一心（三昧発得）を得たことを伝え、末代でも念仏三昧の発得が可能であることを自ら証明している。だが、一心とは「定心《じょうしん》（精神が集中した心）」であり、換言すれば「心一境性《しんいつきょうしょう》」であるから、心を乱すことなく称名することは凡夫にとって極めて難しい。そこで永観は段階を踏んで一心に至ることを説く。すなわち、凡夫の行者は散位《さんい》（心の乱れた状態）から定位（心の集中した状態）に入るのであり、散称（散乱した心で称名すること）を専称（称名に専心すること）の手段として肯定する。

また永観は往生の第十因「随順本願」において、本願に随順する念仏を説く。これは当然『無量寿経』第十八願に基づくが、これを解説するさい、善導《ぜんどう》の『観経疏』「散善義」の文を、「又た、善導和尚の云く、行に二種あり。一には一心に弥陀の名号を専念す。是れを正定業《しょうじょうごう》と名づく。彼の仏の願に順ずるが故に。若し礼誦等に依るをば即ち助行と名づく。此の二行を除いて自余の諸善を悉く雑行と名づく」と略抄する。

そしてこの中の「正定業」を解釈するが、ここに永観の浄土教の独自性が確認できる。善導は「正定業」を「往生が正しく決定している業」として念仏を理解し、法然もこれを踏襲するが、「一心」を重視する永観はこれを「一心に弥陀の名号を称念することで専念（定心）を発することが正定業であり、また本願に随順する業である」と理解する。つまり「定」は「決定」ではなく、「禅定《ぜんじょう》」の意で理解する。そして「是の故に行者、念を悲願に係けて至心《ししん》に称念すべし。不至心の者を除くことは本願に順ぜざるが故なり」（浄全xv 391b27–28）と言う。

永観によれば、称念が本願に随順するかどうかは、それが至心（一心）であるかどうかにかかっている。念を阿弥陀仏の悲願にかけ、万事を抛《なげう》って至心（一心）に称念することが本願随順の念仏であると永観は考えた。こう整理すると、永観の念仏は単なる口称念仏ではなく、最後には精神集中（一心／至心）が求められる念仏であったことがわかり、おなじ称名念仏を重視しても、法然とは大きな違いが認められる。

二　法然

法然のイノベーション

法然の念仏観に入る前に、日本仏教史あるいは日本思想史における法然のイノベーションについて整理しておこう。というのも、念仏観のみならず、さまざまな面で法然は従来の仏教を変革し、新機軸を打ち出したからである。まずは神祇不拝《じんぎふはい》の問題から。

仏教が伝播した国では、仏教は土着の宗教を駆逐することなく、その土着の宗教と習合しながら、徐々にその根を張っていった。日本であれば、仏教は神道と習合しながら時間をかけて浸透していったのである。その形態が、「神仏習合」あるいは「本地垂迹《ほんじすいじゃく》」と言われる。ここではかりに神仏習合を「日本固有の神の信仰と外来の仏教信仰とを融合・調和するために唱えられた教説」、本地垂迹を「日本固有の神を、仏教の仏や菩薩《ぼさつ》が衆生を救済するために姿を変えて現れたもの（化身）とみなす考え方」と理解しておく。したがって、神仏習合と本地垂迹説の関係は、神仏習合の一形態が本地垂迹説となるので、神仏習合の方が抽象度の高い概念となる。

ここでは本地垂迹説についてもう少しくわしくみていこう。「本地」とは本来の実在（仏・菩薩）を指し、「垂迹」とは「迹（跡）を垂れる」と読み、地面に足跡を残すように、そのものが姿を現すことを意味する。これは抽象と具体、理念と実体の二元論的発想である。神と仏の関係を、いつから本地垂迹理論によって説明するようになったのかについて詳細は不明だが、およそ院政期の頃と考えられる。そして、この問題の出発点は、仏の側ではなく神の側からスタートした。

仏教が日本に将来されたことで、「神とはいったい何か／神をどうとらえるか」が重要なテーマとなった。よって、順番としてまず「迹」である神を起点とし、それを手がかりに「本」である仏へと導かれていく。よって、重要なのは神が「垂迹」であることであり、「本地」が何という仏かは二次的な問題であった。こうして本地垂迹説は鎌倉時代の初頭、理論的に完成され、日本の神々（垂迹）は具体的な仏・菩薩（本地）に同定・比定されていったのである（門屋［2010］）。このような本地垂迹説を常識とする当時の仏教界にあって、法然は神祇不拝を唱え、凡夫が垂迹の神を通さずに阿弥陀仏と念仏で直結する仏教を説いた。これが法然の第一のイノベーションである。

次に指摘すべきは、「選択」という考え方だ。法然の主著は『選択《せんちやく》　本願《ほんがん》念仏《ねんぶつ》集《しゅう》（選択集）』であるが、そのタイトルにもあるように「選択」は法然の思想的特徴をよく表している。一見、何の変哲もない言葉だが、仏教思想に照らしてみれば、これは極めて異彩を放つ思想であることがわかる。それを説明しよう。

仏教の根本思想は「縁起《えんぎ》」である。縁起とは「縁って起こること／何かを縁として起こること」を意味する。すべての存在はそれ自身で独立して存在しているのではなく、必ず他者に依存して存在しているというのが縁起の考え方だ。視覚的にも一番わかりやすいのが紙の裏表の関係である。裏は表を縁として、表は裏を縁として、互いが互いを支え合う関係で成立している。だから「裏だけの紙」や「表だけの紙」は存在しない。このように、この世のすべてを両者の関係性の中でとらえようとするのが縁起であるから、これは「A and B」と表現できる。

一方、法然の選択思想は「取／捨」を迫る。何かを「選び取る」ことは何かを「選び捨てる」ことと表裏の関係にあり、「A or B」と表現できるので、縁起の思想「A and B」とは正反対の態度を取ることになる。ではなぜ、法然は仏教本来の考え方である「A and B」を捨てて、「A or B」の立場を取ったのか。それは「末法」という危機的な時代背景があったからだ。末法とは、仏教の教えのみが存在し、それを実践する人も覚りを得る人もいない「世も末」の時代である。「A or B」の発想は仏教の教えからすれば異質だが、常識を超えた時代に入ったのなら、常識を超えた発想で対処するしかなかった。では常識を覆した法然の態度は、どのように評価できるのか。「大乗仏教」という観点からこれを考えてみよう。

大竹［2018］は大乗仏教非仏説の問題を考察する中で「大乗仏教とは何か」を論じているが、ここで大竹は、従来の仏教に還元できない大乗仏教の独自性を「利他《りた》ゆえの仏教否定」に求め、利他（他者を利益《りやく》すること／衆生を救済すること）のためなら、戒律《かいりつ》を含め歴史的ブッダの教えに反することも許されると言う。大竹の指摘が正しければ、利他（一切衆生の救済）のために、従来の仏教の基本である「A and B」を否定し、「A or B」で発想した法然の態度も大いに「大乗的」と言えよう。この「選択」という考え方も法然の第二のイノベーションとして指摘しておく。

最後に三つ目のイノベーションとして、本書の主題である念仏観という視点から説明する。念仏には大きく分けて観想念仏と称名念仏の二つの流れがあった。そしてこの二つの関係はインド以来、明白であった。つまり称名念仏は易行だが劣行であり、観想念仏の下位に位置づけられていた。しかし法然の出現により、この両者の関係は逆転し、称名念仏は易行にして勝行とされた。これが第三のイノベーションである。ではどうしてそのような反転が可能になったのか。以下、その理由をくわしくみていこう。

法然の思想形成

法然は源信の著作『往生要集』を通して善導と出逢い、善導の思想に大きな影響を受けて四三歳のときに回心すると、浄土宗を開宗した。法然自身は自ら「偏依善導一師（偏に善導一師に依る）」を標榜し、善導への全面的な帰依《きえ》を表明した。ところが、両者の教学を詳細に比較すれば、必ずしも同一とは言えないし、また法然の浄土教は善導の浄土教を進化させているところもある。ではまず、大橋［1971］によりながら、法然の思想形成の推移をまとめておく。

いかなる思想家も、その思想家を代表する思想を一気に形成するわけではない。思想家のみならず、誰しも時間の経過とともに、さまざまな経験や他者からの影響を受け、変化をこうむりながら、形成されていくのであり、法然もその例外ではなかった。細かく区切ればきりがないが、大橋は法然の思想形成を以下の三期に分けて説明する。

㈠天台的浄土教受容期（源信の影響）
㈡本願念仏確立期（善導の影響）
㈢選択本願念仏確立期（法然独自の浄土教確立）

大橋の視点は「学（学問）と行（修行＝念仏）」にあり、この三期を、学問重視（第一期）から学と行の併修（第二期）、そして念仏重視（第三期）に移行したと成立するが、ここでは「念仏観の深まり」という視点から整理してみよう。源信の『往生要集』で説かれる浄土教の念仏観は、称名念仏よりも観想念仏が重視され、また極楽に往生するための行も、念仏は諸行のうちの一つに位置づけられ、念仏だけが極楽往生の特別な行ではなかった。称名念仏は「易行だが劣行・初心者向けの行」とみなされていたため念仏に独立性はなく、諸行の補助を得てようやく独り立ちできるという位置づけしか与えられていなかった。

それはともかく、法然がまず源信の『往生要集』を通して、本格的な浄土教を学ぶ機会を持ったことは重要であったし、何より源信の『往生要集』を通して善導の『観経疏』と出逢ったことが、法然の思想形成には決定的であった。『往生要集』は、いわば善導と法然の仲介役を果たすことになったのである。

こうして法然の思想形成は、源信を経由して第二期の善導影響下に移行する。四三歳のとき法然は経蔵に籠もって一切経を読誦《どくじゅ》していると、善導が著した『観経疏』の一節「一心専念弥陀名号行住坐臥不問時節久近念念不捨者是名正定之業順彼仏願故（一心に専ら阿弥陀仏の名号を称えて、何時いかなることをしていても、時間の長短にかかわらず、常に称え続けてやめないこと、これを正定業〔往生が正しく定まっている業〕という。それは阿弥陀仏の本願の意趣に適っているから)」に出逢って回心した。

法然は自らの立場を「偏依善導一師」とし、善導に対する絶対帰依を表明し、念仏は「数あるうちの一つの行」ではなく、「阿弥陀仏の本願に適った正定業」と理解し、念仏の一行を特別な行とみなした。ここに、鎌倉仏教以降では常識となる「専修《せんじゅ》」の淵源を確認できる。この「専修」に堪えうる念仏を「本願念仏」というが、法然の念仏観はこれで終わらない。法然はこの善導の本願念仏をさらに「〝選択〟本願念仏」に進化させた。これが第三期である。つまり、本願念仏は極楽往生の行として阿弥陀仏が選択された唯一の行であると理解し、これに基づいて『選択集』を撰述した。では「本願念仏」と「選択本願念仏」はどう違うのか。「選択」の二文字が付くか付かないかで、念仏観に格段の違いが存在することになる。

善導の本願念仏は「念仏は阿弥陀仏の本願であるから、念仏すれば誰でも往生できる」ことを意味するが、これは念仏以外の行でも往生できる可能性を残す。だが、法然の選択本願念仏は、「念仏は阿弥陀仏が選択された唯一の本願であるから、念仏以外では往生できない」ことを意味するので(平［2001］)、念仏以外の行による往生の可能性は事実上否定され、結果として念仏が特別視される。善導以上に法然は念仏を絶対視し、独自性を担保したと言えよう。

「偏依善導一師」を標榜しながら、〝結果として〟ではあるが、法然は善導を超え、善導の浄土教を進化させ法然独自の浄土教を創出したが、これ以外にも法然は善導の枠を超えて浄土教を進化させている。それは諸行往生と三心の解釈である。まずは本願念仏と選択本願念仏の違いにも関連する諸行往生の違いからみていこう。

善導を超える法然

すでに指摘したように、本願念仏と選択本願念仏の違いは諸行往生を認めるか否かであった。確かに法然は諸行を否定し、称名念仏一行の「専修」を説いたのであるから、諸行往生を否定していることは確かであるが、問題はその否定の内容である。平は法然の選択本願念仏説を「諸行往生〝完全〟否定説」ととらえたが、この説に対してはさまざまな研究者が反論を加えている。

法然は『選択集』第二章で、善導の『往生礼讃』にある「念仏は十人が十人とも、百人が百人とも往生できるが、それ以外の行は百人の中で一人か二人、千人の中で三人か五人しか往生できない。（中略）念仏すれば、十人は十人とも往生するが、諸行を修するものは千人に一人もいない」を引用し、最後の私釈（法然自身の解釈を述べる部分）でこう述べる。

私に云く、この文を見るに、いよいよすべからく雑を捨てて専を修すべし。あに百即百中の専修正行を捨てて、堅く千中無一の雑修雑行を執せんや。行者よくこれを思量せよ（大橋［1997：39］）。

これをすなおに読めば、諸行による往生は「千中無一」であり、諸行を完全否定しているようであり、これが「諸行往生完全否定説」の根拠にもなるのだが、はたしてこれを額面どおりに受けとってよいかどうかは再考の余地がある。

ほかの法然の文献には諸行往生を認める用例があるので、法然の立場は「諸行往生完全否定説」ではなかったが、では同じ『往生礼讃』内での齟齬をどう考えるか、また法然自身が「千中無一」を主張しているのに、法然の立場が「諸行往生完全否定説」でないとするなら、この矛盾をどう解消すべきか。本庄［2012］は、この問題を次のように整理する。本庄は『選択集』が理論書・教義書であるとともに布教書・実践書の側面もあわせ持ち、「～である／でない」と論定するとともに、「～せよ／するな」と実践を勧奨したり抑制したりするものであると前置きした上で、こう指摘する。

(一)『往生礼讃』の「諸行往生」：念仏往生は百発百中であるが、諸行往生はかなり確率

が低い＝理論

(二)『往生礼讃』内での齟齬：しかし現実には、諸行往生では一人も往生するものがいない＝現実（善導の見聞）

(三)私釈の法然の立場：往生を求める人は雑行（諸行）を捨て、正行（念仏）に励むべきである＝勧奨

(一)は善導における理論的根拠、(二)は善導が見聞した当時の現実、そして(三)は(一)と(二)を承けた法然の結論であるが、〝理論上〟の結論ではなく、〝実践上〟の結論、すなわち余行を捨てさせ、念仏に導くための勧奨と本庄はみる。とすれば、法然の諸行に対する基本姿勢は「完全な否定」ではなく、「事実上の否定」と理解すべきであろう。諸行往生の可能性はかぎりなくゼロに近いが、ゼロではない。阿弥陀仏が念仏を百発百中の往生行として選択したということは、その他の行（諸行）が「百発百中ではなかった」ことを意味するだけであり、それがただちに「諸行がすべて往生の可能性がない行」であることを意味するわけではない。

法然の教判論の特徴は、末法およびそこに住まう凡夫という時機相応《じきそうおう》の観点からなされるものであり、教えそのものの価値や優劣を普遍的な観点から論じているわけではないの

で（香月［1949］）、諸行の否定もその線にそって理解する必要がある。ともかく、諸行往生を完全に否定はしていないものの、法然は選択本願念仏を唱導することで、諸行往生に関しても善導の浄土教から一歩進めた解釈を示したことは間違いない。

次に、三心の解釈を比較する。『観無量寿経《かんむりようじゆきよう》』で九品往生を説く中の上品上生に「三種の心を発こせば往生する。その三つとは何かというと、至誠心《しじようしん》・深心《じんしん》・回向発願心《えこうほつがんしん》である」とあるが、これに基づいて善導は三心も往生の条件とする。つまり善導は往生の要件を「三心＋念仏」とするが、法然は念仏一行の専修を説くので、三心の扱いが問題になる。偏依善導一師を標榜するなら「三心＋念仏」を採るべきだが、選択本願念仏の専修を優先させるなら「三心」は不要となる。法然はこの矛盾をどう解消したのか。

三心と念仏の関係について『選択集』は沈黙を保っているが、「十二問答」では「つねに念仏をだに申せば、そらに三心は具足するなり」、また法然の遺言である「一枚起請文《いちまいきしようもん》」では「三心四修と申すことの候は、皆決定して南無阿弥陀仏《なむあみだぶつ》にて往生するぞと思ううちにこもり候なり」とし、念仏の中に三心は収まるとみた。こうして「三心＋念仏」という善導の往生思想は、法然に至って三心は念仏に吸収され、往生の行は選択本願念仏の一行に収斂していく。

ただし、法然自身は「善導を超えた」などとは思っていなかった。法然の立場はあくまで「善導の全人格に偏依する」であり、その善導の「本願念仏」をさらに徹底させた結果、法然は「選択本願念仏」に帰着した。学問的にみれば〝結果として〟法然は善導を超えたことになるが、〝超えた〟という意識は微塵もなかったであろうし、法然にとっては、本願念仏の必然の帰着が選択本願念仏であった。この点が浄土宗義の立場では、どのように考えられているのかを次に確認してみよう。

偏依善導一師再考

史学的事実と宗学的前提とは必ずしも一致しない。史学では歴史的事実の究明が最優先されるが、宗学では伝統教学の護持継承が最大の関心事となる。歴史的にみれば、結果として法然の浄土教は善導の浄土教を進化させているが、「偏依善導一師」を標榜して法然が浄土宗を開宗したことを重視する浄土宗学においては、「導空一体（善導と源空〈＝法然〉は一体）」が大前提であり、「法然が善導を進化させた／法然が善導よりも優れている」といった議論は本来、認められない。

しかし「本願念仏」と「選択本願念仏」の間に大きな違いが存在するので、「導空一体」を大前提とする浄土宗内にも「偏依善導一師」の解釈を巡っては、「総依善導／分依善導」、すなわち「総じて（＝全面的に）善導一師に依る」か「分かちて（＝部分的に）善導一師に依る」が議論されることになった。ではこの齟齬をいかに会通するのか。念仏論そのものではないが、解釈によって仏教が進化することをテーマとする本書では、これも「解釈」を考える上で興味深い問題であるから、少し脇道に逸れることを承知の上で考えてみよう。参考にするのは、深貝［1978］である。

「総依善導」はよいとして、「分依善導」については、さまざまな「分依」があるが、その主だったものを紹介すれば以下の三つになる。

㈠法然は善導の教えすべてに依ったのではなく、本願念仏説のみ善導の教えに依った
㈡善導を拠り所にしているが、法然には法然独特の教義があったのであり、法然は善導よりもさらに前進している
㈢「選択」は法然独自の思想であり、善導浄土教を受容するにも取捨選択が行われたが、これが法然の根本的立場である

この「分依善導」から導き出されることは、「法然が優れており、善導は劣っている」という極端な主張だ。これでは、「法然は善導を弥陀の化身とみなし、その弥陀の化身である善導が著した『観経疏』は法然にとって「仏説」の意味を持ち、それに基づいて法然

は浄土宗を開宗した」とする浄土宗の大前提から大きく逸れてしまい、浄土宗学としては容認できない考え方になる。ではこの矛盾を、どう会通するのか。深貝は浄土宗第二祖・聖光《しょうこう》の『徹選択集《てつせんちやくしゅう》』にある「法然上人に就いて一つの選択あり。所謂る善導和尚の本願念仏の義を以て其の根本と為し、而も経論を見て其の本願の義の上に復た選択の義を加う」に基づき、次のように指摘する。

法然は善導の本願念仏をさらに選択ということを加えて一層その義を徹底させたというべきで、ここからは総依善導こそ出てきても分依善導はでてこない。本願念仏すなわち選択本願念仏であり、この点においても全く導空は一徹ということができるのである（深貝［1978：21］）。

つまり、両者の基本的な考え方は同じであり、「本願念仏」を徹底させれば、それは当然の帰結として「選択本願念仏」になるという理解である。そしてさらに、深貝は論文の最後を次のように結ぶ。

おもうに、善導、法然の二祖が一轍ということは、本願念仏の勧化というところにある。その「わだち」には本願念仏の車輪のみ乗ることができる。軌道にはまる本願念仏の車輪さえあれば、車輪の大小は問わないのである。車輪の大小は本願念仏の勧化の方法である。安心《あんじん》、起行《きぎょう》、作業《さごう》すべてはこの車輪におさまる。導空二祖一轍、二祖三代（二祖とは善導と法然、三代とは法然・聖光・良忠《りょうちゅう》：注記は平岡）の教学は本願念仏を根本とし、本願念仏の顕彰にあるから、善導と法然の両者においてのみ総依、分依を論ずること自体不自然である。

法然は本願念仏を説いた善導に偏によって浄土宗を開創したのであるが、それは善導に全分帰依することに他ならない。善導の全人格に偏依するのであって、本願念仏を説く善導以外に善導はないのである。そこには分依善導はありえないのである。「偏依」と「総依」とは法然に於いては同じである。このことを度外視した「偏依善導・総依善導」は法然の「偏依善導一師」と表明した真意をあらわすことにはならないのである（深貝［1978：28–29］）。

このように、深貝は「轍」と「車輪」の譬えで善導と法然の共通点と相違点とを巧みに表現する。つまり善導の本願念仏と法然の選択本願念仏との轍（車輪の幅）は同じだが、車輪の大きさ自体は異なってもよいとする。これは、法然が説く選択本願念仏の方が善導の説く本願念仏よりも車輪は大きいことを暗示している。たしかに、法然の選択本願念仏は善導の本願念仏の基礎の上に成り立っており、本願念仏とは別に選択本願念仏が立てられたわけではないから、深貝の解釈は一定の説得力を持つ。

ここでは宗学の解釈を取りあげたが、仏教の思想自体、このような解釈を経て進化していく。なお、法然は「選択」という手法で独自の境地を切り拓き、選択本願念仏に逢着したが、これは阿弥陀仏による念仏の選択を意味する。しかし法然はこれ以外にも選択の手法に基づいて、全部で「八種選択《はっしゅせんちゃく》」を説くようになる。これについては第六章で再び取りあげよう。

なぜ本願念仏が選択されたのか

では次に、「念仏が往生行として選択された」と法然が考えた理由を考えてみよう。『無量寿経』には阿弥陀仏が法蔵菩薩《ほうぞうぼさつ》時代に立てた四八の誓願《せいがん》が説かれているが、その中の第十八願が念仏往生の根拠となっている。だが、往生の行を説くのは第十八願だけでなく、第十八願から第二十願までの三つの願だ。今、その内容を示せば次のとおり。

第十八願：至心に信楽《しんぎょう》し、我が国に生まれんと欲して、乃至十念す

第十九願：菩提心を発こし、諸の功徳を修め、至心に願を発こして、我が国に生まれんと欲す
第二十願：我が名号を聞き、念を我が国に係け、諸の徳本を植え、至心に回向す

このように、『無量寿経』には十念（あるいは念仏）以外にも、菩提心を発こすこと、諸の功徳を修めること、名号を聞くこと、諸の徳本を植えること、などが説かれているのに、なぜ第十八願の念仏だけが特別に選択されたと法然は考えたのか。末木［2004：100］も「第十八願だけが往生の行を述べた願文ではないのに、法然はそのような可能性にすべて目を瞑り、第十八願だけを往生の行を述べた願として認め、そこで専称仏名が選取されたとみる。第十九願と二十願の扱いは、門下の大きな課題として残されることになる」と指摘する。

法然は念仏が選択された理由を、『選択集』第三章で「聖意測り難し、輙く解すること能わず」と前置きしながらも、「勝／劣」と「難／易」という観点から説明する。まずは「勝／劣」から。

初めに勝劣とは念仏はこれ勝、余行はこれ劣なり。ゆえんいかんとなれば、名号は

これ万徳の帰する所なり。しかれば則ち、弥陀一仏の所有の四智《しち》・三身・十力《じゅうりき》・四無《しむ》畏《い》等の一切の内証の功徳、相好・光明・説法《せっぽう》・利生等の一切の外用の功徳、皆ことごとく阿弥陀仏の名号の中に摂在せり。故に名号の功徳、最も勝とするなり。余行はしからず。おのおの一隅を守る。ここをもって劣とするなり。（中略）しかれば則ち仏の名号の功徳は、余の一切の功徳に勝れたり。故に劣を捨て勝を取って、もって本願としたまうか（大橋［1997：49–51］）。

このように「勝／劣」については、阿弥陀仏の名号はすべての徳が含まれているから他の一切の功徳に勝っており、他は劣っていると言う（これについては、次章でくわしく考えてみたい）。では次に「難／易」に関する説明をみてみよう。

次に難易の義とは、念仏は修し易く、諸行は修し難し。（中略）念仏は易きが故に一切に通ず。諸行は難きが故に諸機に通ぜず。然ればすなわち、一切衆生をして平等に往生せしめんが為に、難を捨て易を取って本願としたまえるか（大橋［1997：51–52］）。

「難／易」については、多言を要すまい。伝統的に称名念仏が易行であることは本書で確認してきたとおりだ。法然は「自分も含め、すべての人々が平等に救われる道」を徹底的に追い求めた。すべての人が実践可能な「易行」であることは必要条件ではあるが、「易行だが劣行」では往生は実現しない。「易行かつ勝行」であって、はじめて必要十分条件を満たす往生行となる。このように、「劣行」とみなされていた称名念仏を再解釈し、価値の転換をはかったところに法然の功績がある。「難／易」について説明した直後の記述に注目してみよう。

もしそれ造像起塔を以て、本願としたまわば、すなわち貧窮困乏の類は定んで往生の望を絶たん。然るに富貴の者は少なく、貧賤の者ははなはだ多し。もし智慧高才を以て本願としたまわば、愚鈍下智の者は定んで往生の望を絶たん。然るに智慧ある者は少なく、愚癡なる者ははなはだ多し。もし多聞《たもん》多見《たけん》を以て本願としたまわば、少聞少見の輩は定んで往生の望を絶たん。然るに多聞の者は少なく、少聞の者ははなはだ多し。もし持戒《じかい》持律《じりつ》を以て本願としたまわば、破戒無戒の者は定んで往生の望を絶たん。然るに持戒の者は少なく、破戒の者ははなはだ多し。自余の諸行これに准じてまさに知るべし。まさに知るべし、上の諸行等を以て本願としたまわば、往生を得る者は少なく、往生せざる者は多からん。然ればすなわち阿弥陀《あみだ》如来《にょらい》、法蔵比丘《ほうぞうびく》の昔、平等の慈悲《じひ》に催され、普く一切を摂せんが為に、造像起塔等の諸行を以て、往生の本願としたまわず。ただ称名念仏の一行を以て、その本願としたまえるなり（大橋［1997：52–54］）。

阿弥陀仏の慈悲が平等なら、その慈悲の光はまず最下層の衆生にこそ当てられるべきであり、そこから推し量れば、阿弥陀仏は往生行として誰でも実践可能な「称名念仏の一行」しか選択されないはずだ、というのが法然の確固たる信念である。法然の人間観は常に〔阿弥陀〕仏の側にある。人間の側から人間を見れば、善業と悪業の多寡は大きく違うように見えるが、これを仏の側から見れば、その差は極小化され、ついには無化されてしまう。身長の一メートルと二メートルの違いは、人間の側から見れば大きいが、月から見れば無きに等しいのと同じである。

こうして、末法の世においては善人も悪人も人間はすべて「凡夫」に一元化され、またその凡夫が実践可能な行も「念仏」に一本化される。ここに法然浄土教の特徴をみることができるが、この法然の思想が、多様性を認める当時の体制側の仏教（顕密仏教《けんみつぶっきょう》）の逆鱗に触れ、たび重なる弾圧をこうむる原因となった。この法然の人間観が当時の社会に与えたインパクトについては、平岡［2018a］を参照されたい。

三　法然以降

親鸞の南無阿弥陀仏

歴史が続くかぎり、進化は止まらない。法然の段階で念仏は大きな進化を遂げたが、次世代の仏教徒はこれをさらに進化させていく。法然門下には多くの弟子がおり、それぞれ師匠である法然の念仏を進化させたが、ここでは親鸞《しんらん》と一遍《いっぺん》（証空《しょうくう》を含む）に焦点を絞って、その進化の内容を確認してみよう。まずは親鸞（一一七三〜一二六三）から。

今日の宗派仏教では最大規模を誇るのが浄土真宗であり、その宗祖は親鸞である。親鸞は「たとい法然聖人にすかされまいらせて、念仏して地獄に堕ちたりとも、さらに後悔すべからず候」（『歎異抄《たんにしょう》』）とまで師匠・法然の人柄と教えに帰依した。その思想を詳細に比較すれば、両者の間にはさまざまな違いが存在するが、ここでは「信と行」との問題に絞って紹介する。

本来、信と行は表裏の関係にあり、個別には議論できないが、法然は行を、親鸞は信を重視する。法然の「一枚起請文」の最後は「ただ一向に念仏すべし」とあるから、「南無阿弥陀仏」と口称することが重視されるが、親鸞は「信心」を重視する。『教行信証《きょうぎょうしんしょう》』の「真実の信心は、かならず名号を具す。名号はかならずしも願力の信心を具せざるなり」（金子［1957：169］）がそれを裏づける。ここでの「名号」は「称名」に置き換え可能だから、真実の信心は必ず称名を伴うが、称名は必ずしも信心を伴わず、行よりも信心が重要視されている。内的な信心の獲得は外的には念仏の声となるが、外的な念仏の声からは内的な信心の獲得を必ずしも意味しない。

このように親鸞は行よりも信を重視するが、その信も凡夫が自発的に発こすのではなく、「如来よりたまわりたる信心」と理解するところに親鸞の浄土教の特徴がある。親鸞は他力《たりき》を追求することで、自力《じりき》を徹底的に排除する。自力的な臭いを完膚なきまでに消そうとする。そのため、親鸞はあえて原典や先師の論書の読みを改読する。その事例をいくつか紹介しよう（釈［2011］）。

たとえば、「至心回向の願」と言われる『無量寿経』第二十願は「至心に回向し」と読め、その主語は「衆生」だが、親鸞はここに「功徳を回向する衆生の側の自力」をみる。よって、それを排除すべく回向する主体を阿弥陀仏に改め、『教行信証』「信巻」で「（阿弥陀仏が）至心に廻向したまえり」（金子［1957：174］）と改読する。「したまえり」という敬語を用いることで、主語を「衆生」から「阿弥陀仏」に変更する。

また曇鸞《どんらん》の『論註』「作願共往生彼阿弥陀如来安楽国土」は「共に彼の阿弥陀如来の安楽国土に往生せんと願を作す」と読むのが文法的に正しく、主語は「衆生」だが、親鸞はこれを『教行信証』「行巻」で「〔阿弥陀仏は〕作願して、彼の阿弥陀如来の安楽国土に往生せしめたまへるなり」（金子［1957：62］）と改読する。主語を「衆生」から「阿弥陀仏」に変更し、「往生す」は「往生せしめたまへり」と使役の文にしてしまう。

このように衆生の側の自力的要素を排除すれば、「南無阿弥陀仏」の解釈も、変更を余儀なくされる。これを普通に読み下せば、「阿弥陀仏に南無（帰命）する」となり、南無（帰命）する主体は「私（衆生）」だが、親鸞はここに自力の要素を認めて改読する。親鸞は「私が南無（帰命）する」のではなく、「阿弥陀仏が衆生に南無（帰命）せよ」と命じていると理解する。これを『教行信証』「行巻」では「帰命は本願招喚の勅命なり」（金子［1957：74］）とし、親鸞は阿弥陀仏の勅命として受け取り、その勅命に応じて衆生は阿弥陀仏に南無（帰命）することになる。あくまで最初の働きかけは仏の側からなされ、それに応じて衆生はその名を称えることになる。だが、それに応じると言っても、反応するのは「如来よりたまわりたる信心」であるから、「如来の呼びかけに如来が応える」ことになり、そこに凡夫の自力の入り込む余地はない。

「行巻」に続く「信巻」では、「つつしんで往相の廻向を案ずるに、大信あり。大信心はすなわちこれ（中略）選択廻向の直心、利他深広の信楽、金剛不壊《こんごうふえ》の真心（中略）なり」（金子［1957：128］）とし、信心は阿弥陀仏が選択し、回向された金剛不壊の信心（信楽）とする。行と同様に信も衆生が自発的に発こすのではなく、「如来よりたまわりたる信心」と理解するのが親鸞の立場で、この信心が菩提心ということになる。

証空から一遍へ

日本における浄土教系の宗派は、法然の浄土宗、親鸞の浄土真宗、そして一遍の時宗である。親鸞は法然の直弟子であったが、一遍（一二三九〜一二八九）は法然の滅後に生を受け、証空（法然の直弟子）の弟子・聖達《しょうだつ》の弟子にあたるので、法然からすれば、孫弟子となる。よって、一遍の説明に入る前に、証空の浄土教を概観しておこう。

証空（一一七七〜一二四七）は一四歳で出家《しゅつけ》し、法然の弟子となった。法然門下の聖光・隆寛《りゅうかん》・親鸞などが紆余曲折の後に法然の門下に入ったのとは違い、証空は出家した最初から法然の弟子となり、以後二三年間、法然から親しく浄土教の指南を受けた。念仏と戒の両方を法然から相伝されたので、数ある門弟の中でも、証空の地位はきわめて高かったと考えられる。

証空の念仏を特徴づけるのは、何といっても「白木の念仏」だ。念仏以外のもの（学解・持戒・禅定など）で彩られているのは自力の念仏であり、「自力を排して純粋に称える念仏」を白木の念仏とする。証空はこれを「なかなかに心をそえず、申せば生と信じて、ほれぼれと南無阿弥陀仏ととなうるが、本願の念仏にてはあるなり。これを白木の念仏とはいうなり」（大橋［2002b：254］）と言う。念仏を彩ろうとせず、すべてを阿弥陀仏に任せ、ほれぼれと称える念仏こそが大事だと証空は主張する。

そのような証空の浄土教の流れを汲みつつも、一遍は独自の浄土教を進化させた。その特徴は、さまざまな二項対立を無化して名号に吸収していく「名号の絶対化／名号至上（万能）主義」にある。たとえば機（衆生）と法（阿弥陀仏）の二項対立。『語録』一〇では次のように説かれる。

「念々不捨者（念々に捨てざる者）」というは、南無阿弥陀仏の機法一体《きほういったい》の功能《くのう》なり。或人の義には機に付といい、或は法に付ともいう。いずれも偏見なり。機も法も名号の功能と知りぬれば、機に付ともたがわず、法に付ともたがわず。其のゆえは、機法不二の名号なれば、南無阿弥陀仏の他に能帰もなく又所帰もなき故なり（大橋［1985：78-79］）。

このように、衆生（機・能帰）と阿弥陀仏（法・所帰）の対立が南無阿弥陀仏の名号によって無化・吸収され、両者が名号に一元化されているのがわかる。次に平生往生と臨終往生の対立。これは、往生するのは平生の念仏か、臨終の念仏のいずれかという対立であるが、これについては『語録』七八をみてみよう。

ただ今の念仏の外に、臨終の念仏なし。臨終即平生なり。前念は平生となり、後念は臨終と取るなり。（中略）只今、念仏申されぬ者が、臨終にはえ申さぬなり。遠く臨終の沙汰をせずして、能々恒に念仏申べきなり（大橋［1985：117］）。

今の一瞬一瞬が臨終と思い定めて念仏すれば、称え終えた念仏は平生の念仏になり、その次の瞬間に称える念仏は臨終の念仏となる。この考え方は「平生の念仏／臨終の念仏」の対立のみならず、「一念／多念」の対立も解消してしまう。法然門下には、一念義（信心を重視し、最初の一念で往生は確定しているから多念を要しないという考え）と多念義（多くの念仏を称え、臨終来迎《らいごう》を待って往生が確定するという考え）の対立があった。一遍は今（平生）の念仏を臨終と定めて念仏することを勧めるので、多念義ではないが、その一念一念を臨終まで相続するので、一念義でもない。こうして一遍は「一念／多念」の対立を

「ただ今の念仏（名号）」で止揚する。

また一遍は『播州法語集《ばんしゅうほうごしゅう》（＝語集）』二六で、「然らば、名号の外に能帰の衆生もなく、所帰の法もなく、能覚の人もなきなり。是れ則ち、自力他力を絶し、機法を絶する所を、南無阿弥陀仏といえり」と説く。普通に考えれば南無阿弥陀仏は「他力の教え」だが、一遍は「自力／他力」の対立も名号に吸収する。さらに一遍は、来迎も名号で再解釈する。来迎とは臨終に限定され、念仏行者の臨終にさいし、阿弥陀仏が聖衆とともに極楽浄土より迎えに来ることを意味するが、一遍は『語録』五五でこう述べる。

> 行者の待によりて仏も来迎し給ふとおもえり。たとい待えたらんとも、三界の中の事なるべし。称名の位が即まことの来迎なり。称名即来迎とも知りぬれば、決定来迎あるべきなれば、却て待たるるなり。およそ名号の外はみな幻化の法なるべし（大橋［1985：103］）。

臨終時にただ待っているのが来迎ではなく、称名自体が来迎であると一遍は理解する。そして名号のみが真実であり、それ以外は幻であるとする。一遍は来迎さえも称名や名号に吸収させていくのである。この他にも、一遍は『語録』二において「三心というは名号なり。この故に「至心信楽欲生我国」を「称我名号」と釈せり。故に称名する外に全く三心はなきものなり」と述べ、三心をも名号に統合する。このような名号の一元化・絶対化は法然や親鸞にはみられなかった、一遍による独自の進化と言えよう。

【ステージ4】

・念仏 → 伝統的念仏（六随念〔三宝を含む〕）
　　　→ 観想念仏↓般舟三昧
　　　→ 称名念仏↓本願念仏（善導）
　　　　　→ 仏の招喚（親鸞）→ 浄土真宗
　　　　　→ 選択本願念仏（法然）→ 浄土宗
　　　　　→ 白木念仏（証空）→ 浄土宗西山派
　　　　　　　→ 名号一元論（一遍）→ 時宗
　　助行（曇鸞・道綽）＝ →
・聞名 → 南無阿弥陀仏（観無量寿経〜）
（三帰依）
ウダーナ → ・称名 → 仏 → 南無阿弥陀仏
　　　　　　　　　　　→ 帰依仏（↓南無〔釈迦牟尼〕仏）
　　　　　　　　　　　→ 南無観世音菩薩等（他の仏菩薩）
　　　　　　　　→ 法 → 帰依法
　　　　　　　　→ 僧 → 帰依僧

本章では日本における念仏の進化、すなわち善導の浄土教を承けた法然の念仏およびそ

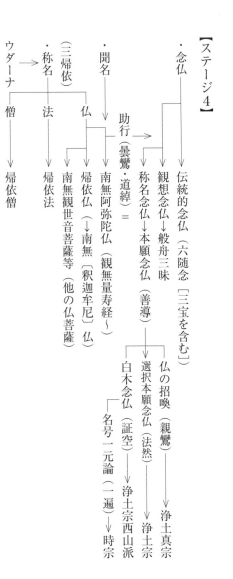

こから枝分かれした親鸞や一遍の浄土教の進化を扱った。法然は善導の本願念仏（念仏で往生できる）をさらに選択本願念仏（念仏でしか往生できない）に進化させたのである。法然にいたって念仏の価値はさらに高まったが、その分、既成仏教からの反発は強くなった。

そして法然の弟子である親鸞は行よりも信を重視し、その信心を「如来よりたまわりたる信心」と解釈した。他力に徹しようとした親鸞は「自力臭」を徹底的に排除し、信心さえも衆生が自発的に起こすのではなく、阿弥陀仏から回向されたと解釈したのだ。これより、南無阿弥陀仏の意味も変容する。一般に南無阿弥陀仏は「衆生が阿弥陀仏に南無する」を意味するが、これでは南無する衆生の側の自力を認めることになる。それを嫌った親鸞は「阿弥陀仏に南無せよ」という如来からの招喚として念仏を受け取っていく。

そして一遍の浄土教はさらなる進化を遂げる。親鸞は「他力」を徹底させる立場から、自力を徹底的に除去したが、そこには「自力」を廃しても「他力」は残ることになる。白木念仏を称えた証空の流れを汲む一遍は、その他力さえも名号によって消し去ろうとする。つまり一遍の念仏はあらゆる二項対立を名号に止揚し、名号に一元化することで、名号の絶対化を図ったと言えよう。

第五章　言霊化という進化

一　インドにおける言霊思想

インド思想

本章では、第四章までで考察した念仏《ねんぶつ》の進化を、「言霊化」という別の角度からみてみたい。よって本章は、進化という意味では新たな展開を扱うのではなく、第四章までの補足的な位置づけになる。

「言霊」とは「言葉に宿る不思議な力」のことで、言葉には発せられたた言葉どおりの結果をもたらす力があると信じられていた。これは日本のみならず、インドにも認められる現象であるし、ユダヤ教でも、『旧約聖書』「創世記」の「神が「光あれ」と仰せられると、光ができた」（バルバロ［1980：5］）が象徴しているように、言葉はその内容を実現させる力を秘め、これをうけて、『新約聖書』の「はじめにみことばがあった」で始まる表現も言霊を前提にしている。よって、言霊思想は世界で広くみられる思想なのかもしれない。

では、本論の「南無阿弥陀仏《なむあみだぶつ》の言霊化」に入るまえに、インド思想一般における言霊思想について、まずはまとめておきたい。インドで神秘性を秘めた音といえば、「オーム（om）」を思い浮かべるであろう。ここでは松濤［1980］に基づいて紹介する。古層に属する『チャーンドーギヤ・ウパニシャッド』では、サーマン（歌詠）の中の一つである「ウドギータ」がテーマとされ、ウドガートリと呼ばれる祭官がメロディーにのせてこれを詠唱するが、その冒頭で祭官は「オーム」と唱える。

ここでは「ウドギータ」全体を「オーム」としてとらえ、それが最高のエッセンス（事物を事物たらしめるもの）であると説明する。『チャーンドーギヤ・ウパニシャッド』の冒頭では「〔ウドガートリは〕ウドギータをオームという字音として念想し、オームと詠唱する」という前置きの後、次のように説かれる。

〔この世界にある〕これらの事物のエッセンスは地である。地のエッセンスは水であり、水のエッセンスは草（植物）であり、草（植物）のエッセンスは人間である。人間のエッセンスは言葉であり、言葉のエッセンスはリチュ（讃歌の詩節）であり、リチュのエッセンスはサーマン（歌詠）であり、サーマンのエッセンスはウドギータである（松濤［1980：328］）。

そしてそのエッセンス中のエッセンスであるウドギータが「オーム」の字音に集約されると言う。そしてこの後、「オームという字音によって、『リグ・ヴェーダ』『ヤジュル・ヴェーダ』『サーマ・ヴェーダ』という三重の知識が展開する」、また「祭官はオームという字音を、偉大さおよびエッセンスとして崇敬する」とも説かれる。

oはa＋uに分解できるので、「オーム（om）」という字音は結局a/u/mの三要素となる。これに基づき、『ブリハッド・アーラヌヤカ・ウパニシャッド』では、aは『リグ・ヴェーダ』、uは『サーマ・ヴェーダ』、mは『ヤジュル・ヴェーダ』を象徴すると言う。またヒンドゥー教でaは「ブラフマン（創造神）」、uは「ヴィシュヌ（維持神）」、mは「シヴァ（破壊神）」の三神一体（trimūrti）を表すと言われている。

「オーム」に込められる意味内容はそれぞれだが、「オーム」という字音が単なる字音あるいは表象の域を超え、意味内容そのものとして機能していることがわかる。このように、インド思想一般においても「言霊」の先駆的事例が確認される。

ただしバラモン教では、単に言葉が霊力を有すると考えられているわけではない。もしもそうなら、誰が称えても効力を発揮することになるが、バラモン教では霊力を秘めた聖なる言葉に加え、その霊力を引き出して効力を発揮させるバラモンが重要な鍵を握る。霊力を秘めた聖なる言葉は、霊力を有するバラモンに称えられて初めて効力を発揮するが、この点が「誰が称えても往生《おうじょう》できる」という念仏とは異なる点だ。念仏は、それを称える者の資格を問わないのである。

それはともかく、このような土壌に、当時の正統宗教であったバラモン教のアンチテーゼとして仏教は誕生した。バラモン教の三本柱は「カースト制度／多神教／祭祀」であったが、仏教はこれらをことごとく否定した。しかし、仏滅後、徐々にバラモン教（あるいは後のヒンドゥー教）と習合の度合いを深めていったが、言霊思想についてもその例外ではなかった。

伝統仏教

仏教の言語観は、すでに本書の序章で説明したように、「能詮《のうせん》（言葉）」と「所詮《しょせん》（言葉によって言い表されるもの）」とを区別するのが基本である。「り／ん／ご」という〝ひらがな三文字〟（言葉）と、そのひらがな三文字で言い表される〝赤い果実〟そのものは同一ではない。よって、「真理そのもの」と「その真理を言い表す言葉」も一応、別物であり、龍樹《りゅうじゅ》は前者を「勝義諦《しょうぎたい》」、後者を「世俗諦《せぞくたい》」と表現したことはすでに指摘したとおりであり、本書では便宜的に勝義諦を「理法《りほう》（言葉を超えた真理）」、世俗諦を「教法《きょうほう》（言葉で表現された真理）」と表現した。

しかし、ここで大事なのは、勝義諦と世俗諦が同一でないことに加え、「世俗諦」と「世俗」も同一でないということだ。つまり、同じ言葉でも「単なる言葉（世俗）」と「真理を表現した言葉（世俗諦）」とは別物であり、「真理を表現した言葉（世俗諦）」には一定の価値がある。話し言葉にせよ書き言葉にせよ、「心（あるいは魂）を揺さぶられる言葉」に出逢った経験は誰しも持っており、そこにはある種の「言葉の力」を認めざるをえない。人によってそれが「座右の銘」となり、「生涯を支える言葉」ともなりうる。

そう考えると、世俗諦は勝義諦に連絡しているという意味で「単なる言葉」ではなく、言霊を秘めた言葉になりうるのであり、これが大乗仏教のマントラ（真言《しんごん》）に発展する可能性を秘めていると言える。これについては後ほど取りあげるとして、ここでは伝統仏教における言霊思想を探ってみよう。取りあげる用例は、パリッタ、真実語、そして「ブッダ」という音の三つである。まずはパリッタから。

何ごとにも、本音と建前とがある。自らの内面と対峙し、修行によって心の質的転換を図り、苦からの解脱《げだつ》を目指すのが本来の出家者《しゅつけしゃ》の姿であろうが（本音）、その一方で出家者は呪術的な儀礼を通して在家者《ざいけしゃ》との関わりを保持していた（建前）。これがブッダ在世当時にまで遡りうるかどうかは不明だが、仏典を繙けば、古代インドの仏教において、出家者がパリッタと呼ばれる呪文を唱えて、世俗的幸福（悪霊の駆除・危機の回避・雨乞い）を目的とした呪術的儀礼が行われていたことがわかる。

paritta とは pari √trā（防御する／守護する）から派生した語であるから「護呪」とも漢訳され、まさに言葉の霊力（言霊）によって厄難から身を守ることを目的とする。数ある経典の中から幾つかが護呪経典（パリッタ）とみなされ、目的に応じて呪術的儀礼の中で唱えられた。南方系の上座部《じょうざぶ》仏教は、その戒律《かいりつ》の厳しさから「戒律仏教」とも呼ばれる一方で、パリッタ（護呪経典）を重視し、現世利益《げんぜりやく》的な性格も有することから「パリッタ仏教」とも呼ばれる。

詳細は奈良［1973a］や片山［1979］にゆずるが、ともかく職能者である比丘《びく》（出家者）が、水や糸などを道具として使いながら、パリッタを唱え、ある一定期間（たとえば一週間）この儀礼が行われる。この習俗は現代にも継承され、たとえばスリランカでは、結婚・安産・病気治癒・悪魔払い・新築・移転・旅行・開業など、広く無病息災目的として行われていると言う。パリッタの原意が「防御する／守護する」であれば、当然のことと言えよう。ともかく、ここに古代インド仏教の言霊思想を認めることができる。

時代が下るとパリッタに吸収されることもあるのが、「真実語（satya-vacana）」だ。これは「真実」の中に秘められていると信じられている力によって、さまざまな目的（世間的《せけん》なものと出世間的《しゅつせけん》なものがある）を成就しうるとするものである。真実の言葉を発し、それによって目的の成就を祈れば、それは叶うと言う。ここでは出世間的な目的と結びついた用例を一つだけ紹介しよう。『天宮譬喩《てんぐうひゆ》』第二二章にはブッダの前世物語がみられる。チャンドラプラバ王（ブッダ）は何でも布施《ふせ》すると宣言すると、悪心を抱いたバラモン（デーヴァダッタ）が王の決意を試そうとやって来て、自らの頭を布施せよと迫る。そこで王は次のような誓願を立てた。

私がこの真実〔語〕を以て自分の頭を喜捨《きしゃ》するのは、王位のためでもなく、天界のためでもなく、（中略）転輪王《てんりんおう》の国土のためでもない。そうではなく、何としても私は無上正等菩提《むじょうしょうとうぼだい》を正等覚《しょうとうがく》した後、調御《じょうご》されざる衆生《しゅじょう》を調御し、寂静《じゃくじょう》ならざる〔衆生〕を寂静ならしめ、〔彼岸《ひがん》に〕渡らざる〔衆生〕を渡らしめ、解脱せざる〔衆生〕を解脱させ、安穏ならざる〔衆生〕を安穏ならしめ、般涅槃《はつねはん》せざる〔衆生〕を般涅槃させよう。この真実により、真実語により、努力が報われるように（Divy. 326.17–23 平岡［2007a：586］）。

ブッダが今生において目的を成就できたのは、王（ブッダ）による頭の布施が、世俗的な欲望の成就（王位や生天《しょうてん》）ではなく、仏となって自利即利他《じりそくりた》を実践することを目的にしていたことが真実であったから、というのが真実語の基本的考え方である。他にも真実語の用例は仏典に散見するが、その他の具体的内容については、奈良［1973b］や平岡［2002］を参照されたい。

さて、最後に取りあげるのは、「ブッダ」という音の呪術的側面である。これは説一切有部《せついっさいうぶ》に特有の用法であり、ブッダという音が意味を持つ〝語〟として左脳（ロゴス）で処理されるのではなく、鳥肌を喚起する〝音〟として右脳（パトス）に働きかけるという興味深い用例である。ここでは特徴的な説話を一つだけ紹介しよう。本書第二章で取りあげたプールナの出家譚である。当該箇所をもう一度みてみよう。

彼はかつて聞いたことのなかった「ブッダ」という音を聞いて、全身の毛穴が粟だった。畏敬の念を起こした彼は「諸君、そのブッダと呼ばれるお方は一体誰なのかね」と尋ねると、彼らは言った。「沙門《しゃもん》ガウタマのことですよ。シャーキャ族出身であり、シャーキャ族の息子だったのですが、髪と髭とを剃り落とし、袈裟衣《けさころも》を身に着け、真摯な気持ちで家から家なき〔生活〕へと首尾よく出家し、無上正等菩提を正等覚されたのです。彼こそが、隊商主よ、ブッダと呼ばれるお方ですよ」(Divy. 35.4–10：平岡〔2007a：71〕)

プールナにとって「ブッダ」は〝音〟であったが、商人たちにとってそれは「沙門ガウタマのことですよ。～」と説明しているように、意味内容を持つ〝語(言葉)〟なのである。ともかく、これが機縁となってプールナはブッダへの面会を果たし、出家して阿羅漢《あらかん》になっている。このほかの用例も「ブッダ」という音を聞くことがきっかけで出家して阿羅漢になったり、出家しない場合は在家信者になったりしている。これも伝統仏教の言霊思想の用例と考えられよう。

大乗仏教の陀羅尼

このような伝統仏教の言霊思想を下地とし、大乗仏教、とりわけ密教において言霊化はさらに進化していく。密教にはインド土着の宗教であるヒンドゥー教の影響があるのは確かだが、仏教内部においては般若経《はんにゃきょう》との密接な関係において密教は成熟していった。といっても、その他の大乗経典も大なり小なり般若思想との関連が確認されるから、それは密教に限ったことではないのかもしれない。

さて、般若経と一口に言っても、多種多様な般若経があるが、小品系般若経と大品系般若経が大乗仏教興起の初期に成立した般若経として重要であり、このうち小品系般若経の成立の方が古いと言われている。そして陀羅尼《だらに》は三昧《さんまい》とセットで、小品系ではなく大品系般若経成立の段階において大きく展開することになるが、陀羅尼の意味内容は多義にわたり、本来は「呪文」を意味する言葉ではなかった。

まずはその語義を確認してみよう。「陀羅尼」と漢訳される原語はdhāraṇīであり、その語源は√dhṛ(保つ／保持する)である(dharmaも同じ語源に由来)。後世、多様な意味を帯びるようになるが、この言葉の意味を踏まえて、ここでは『瑜伽師地論《ゆがしじろん》』における「陀羅尼」の定義からみていくことにしよう。ここでは四種の陀羅尼が説明されている。

(一)法陀羅尼(dharma-dhāraṇī)：無量の経典を聞き、無量の時を経てもよく保ち、忘失しないこと

(二)義陀羅尼(artha-dhāraṇī)：経典の義趣を無量の時においてよく保ち、教法の意味を憶持すること

(三)呪陀羅尼(mantra-dhāraṇī)：三昧の力によって呪句を得て、これを衆生に加持《かじ》し、衆

生の厄難を除かしめるもの（これがいわゆる呪文としての陀羅尼）
㈣能得菩薩忍陀羅尼（bodhisattava-kṣānti-lābhāya-dhāraṇī）：菩薩《ぼさつ》が一切の欲望を離れ、静処に住して、堅固な因行と妙慧とによって陀羅尼の呪句の意義を思惟し、呪句の無義に通達《つうだつ》し、それによって一切法《いっさいほう》の意味を正しく理解すること（自己の覚りに役立つ陀羅尼）

このうち、㈢が我々になじみのある呪文としての陀羅尼であるが、その語義からして㈠と㈡の「教法の憶持と理解に関する陀羅尼」が本来の意味内容であった。そして教法を記憶し理解するには精神の集中が必要であるから、陀羅尼は三昧とセットで発展したと考えられる。経典を記憶し理解すれば、それは流暢な説法《せっぽう》として展開することになるため、陀羅尼を得れば弁才にも秀でることになるので、陀羅尼は弁才とも関連して説かれることがある。このような理由で、大乗経典では陀羅尼を得ることが菩薩の具える徳として重要視されるにいたった。

では次に、般若経典を手がかりにして、「教法の憶持と理解」を原意とする陀羅尼が「呪文」に展開する理由を考えてみよう。菩薩を名乗る大乗教徒が新たな思想を提唱するにあたっては、少なくとも二つの大きな問題があったと私は考える。一つは、仏滅後数百年経過した後に創作された大乗経典を「仏説」とみなす根拠をどう構築するか、もう一つは新たな思想を唱導するには大きな迫害が想定されるが、これにいかに耐えるか、という問題である。この二つの問題に答えれば、おのずと陀羅尼の新たな展開が理解できよう。まずは大乗経典である般若経を仏説とする問題から。

大乗仏説論については本庄［1989］の優れた研究があるが、ここでは『小品般若経』の記述に注目してみよう。

爾の時、仏は須菩提《しゅぼだい》に告げたもう。汝の楽説は諸菩薩の為に応に成就すべき般若波羅蜜《はんにゃはらみつ》を説くことなり。舎利弗《しゃりほつ》は即ち是の念を作す。須菩提は自らの力を以て説くや、仏の神力を承くると為すや。須菩提は舎利弗の心の所念を知り、舎利弗に語りて言く。仏の諸弟子に敢えて所説あるは、皆これ仏力なり。所以は何ぞや。仏の諸説法の中に於いて学する者は、能く諸の法相《ほっそう》を証す。証し已りて所言ありて説く。皆法相と相違背せず。法相力を以ての故なり（T. 227, viii 537a29–b6）。

このように仏が直に説かなくても、般若波羅蜜を説く者には仏の力あるいは威神力が働くので、説法者の口からは仏の言葉が語られることになる。こうして、般若波羅蜜を説く菩薩の言葉は仏の言葉となり、般若経は仏説であることが担保される。

そして、この般若波羅蜜は仏を生み出す「仏母《ぶつも》」であるとみなされるので、舎利《しゃり》を収めた仏塔よりも般若波羅蜜を書き記した経巻の方が重視され、般若経において舎利供養《くよう》は経巻供養に取って代わられる。般若経は色身《しきしん》の残滓である舎利（遺骨）よりも、その色身を生み出した般若波羅蜜をより本源的な存在とみなすことで、無仏の世でも「仏説」が成立することを証明しようとしたのではないか。

また、菩薩が説く般若波羅蜜は仏の言葉であるから、魔を退散させる力があり、さまざまな現世利益をも伴うと言う。たとえば、㈠毒や刀等の災難によって死ぬことがない、㈡国王や大臣等の権力者による難を受けない、㈢外道《げどう》も論難できない、㈣魔王の化作《けさ》等による障害を撃退する、㈤説法者に気力を与え楽説せしむる、などである。つまり、般若波羅蜜には護持の力があるので、「教法の憶持と理解」を原意とする陀羅尼は、般若波羅蜜の説法者を護持する「呪文」をも意味するようになる。

この呪文としての陀羅尼は、教化の対象となる衆生の厄難を除去するにも用いられたであろうが、なにより説法者自体の護身の呪文としても機能したのではないか。すでに指摘したように、伝統仏教が主流を占める当時のインドにあって、大乗仏教という新たな思想を唱導するには、かなりの迫害や受難があったと想像されるからだ。〈法華経《ほけきょう》〉の常不軽《じょうふきょう》菩薩《ぼさつ》の物語も、それを如実に物語っていると言えよう。

次は梶山［2008］に基づき、少し違った観点から陀羅尼と真言（マントラ）の関係や性質について考えてみよう。梶山はバッタチャリヤの説を引用し、次のように述べる。

大乗経典は次第に変化し、縮小されてダーラニー（陀羅尼 dhāraṇī）となり、そのダーラニーがさらに縮小されてマントラになった。例えば、『八千頌般若経』はあまりに長大かつ難解であったために、『百頌般若経』、さらに『般若心経』に縮小され、それはさらに『般若波羅蜜多ダーラニー』に収められ、それが『般若波羅蜜多マントラ』へ収められ、それはついに一シラブルの種子《しゅじ》マントラ praṃ へ還元された（梶山［2008：335］）。

これによると、陀羅尼のエッセンスをさらに凝縮したものが真言（マントラ）ということになる。この最小の音節 praṃ を唱えることで般若波羅蜜多形而上学の全体を完全に学ぶことができるので、陀羅尼にせよ真言にせよ種子マントラにせよ、それは長大な経典の縮小や要約ではなく、経典が指示する「空《くう》」の真理の直観のシンボルになると梶山は言う。

しかもこの密教におけるシンボルを、エリアーデ［1975：28］は「それはシンボライズされた実在であると同時に、シンボライズする記号」、Tsuda［1978：206］は「シンボルはシンボライズされるものに等しい」と言う。つまり密教の言語観に従えば、能詮と所詮は一気に距離を縮め、ついには同化されてしまう。だから言葉（能詮）は力を持つ実在（所詮）そのものであり、言霊化することになる。

二　六字釈

別時意説

前節では、インドにおける言霊化の問題を取りあげた。仏教以前よりインドには言葉を重視し、そこに霊力を認める言霊思想が存在していた。その土壌に誕生した仏教は当初、言葉に対して否定的な態度を取ったが、在家信者との世俗レベルの関わりの中ではパリッタ（護呪）のような呪術も使用したようだ。そして大乗仏教の時代を迎えると、本来は言霊とは関係なかった陀羅尼が真言化し、密教では重要な位置を占めるようになったことを確認した。

これからみるように、念仏を称えるだけで往生できると説かれるようになったことから、念仏は念仏者を往生させる力を持つ言葉と見なされるに至る。つまり、念仏（あるいは名《みょう》号《ごう》）の言霊化だ。よって本節と次節では「南無阿弥陀仏」の六文字が中国や日本において言霊化していく過程を整理するが、本書では二つの異なった観点からこれにアプローチする。一つは南無阿弥陀仏を「願行具足の名号」と解釈することによる言霊化（本節）、もう一つは名号中の「阿・弥・陀」を天台教学《てんだいきょうがく》の「空・仮《け》・中」の三諦《さんたい》で解釈する「阿弥陀三諦説」である（次節）。ではまず、願行具足の名号からみていこう。

これは南無阿弥陀仏という六字の名号を解釈し（六字釈《ろくじしゃく》）、行者の「願」と「行」とがともに具わっていることを説く。大乗仏教では菩薩の誓願《せいがん》（praṇidhāna/praṇidhi）と、その誓願の実現に向けた菩薩行（caryā）の実践はセットで説かれる。たとえば〈無量寿経《むりょうじゅきょう》〉では、阿弥陀仏が法蔵菩薩《ほうぞうぼさつ》であったとき、四八の誓願を立て、誓願を立てた後は、その実現に向けて兆載永劫《ちょうさいようごう》の菩薩行を実践したことが説かれる。

ではなぜ、南無阿弥陀仏の願行具足が問題になるのか。それは他学派の批判、つまり「別時意説《べつじいせつ》」による。別時意とは、仏語に対する解釈であり、ブッダの言葉が何かを意図して説かれた場合、その言葉が、即刻ではなく、「別な時にそれが実現することを意趣して説かれたもの」という意味である（向井［1977］）。「称名《しょうみょう》すれば無上正等菩提が得られる／誓願すれば極楽《ごくらく》に往生できる」とブッダが説いたとすると、この「称名／誓願」という因は、単独で直ちに「無上正等菩提の獲得／極楽往生」という果を引くのではなく、怠惰な者を励ます意味で、そう説かれたと理解するのが別時意説である。

「念仏往生」の思想は、ある意味で業の因果律を大きく逸脱している。この世で殺人等の悪業を積んでも、念仏さえ称えれば地獄《じごく》に堕ちずに極楽に往生できるから、伝統的な仏教の業論に慣れ親しんだ者が違和感を覚えるのも無理はない。殺人という大罪は、念仏という極めて簡単な実践で清算されうるのか。

このような問題は、中国やインドでも盛んに論じられた。中国では隋唐代の仏教界で、念仏による極楽往生が「次の生（順生）」なのか、あるいは「次の次の生以降（順後＝別の時）」なのかが議論されたが、そのきっかけになったのが梁代に真諦《しんだい》が漢訳した無著《むじやく》の『摂大乗論《しようだいじようろん》』と世親《せしん》の『摂大乗論釈《しようだいじようろんしやく》』の別時意説である（平岡［2018a］）。そしてこの『摂大乗論』の学説に基づいて成立したのが摂論宗《しようろんしゆう》であり、摂論宗の学者は『観無量寿経《かんむりようじゆきよう》』下品下生で説かれる「南無阿弥陀仏と称えること」は別時意として説かれただけで、即得往生を意味してはいないと批判した。つまり称名念仏には「往生したいという〝願〟」はあるが、「次の生で直ちに往生できる〝行〟」ではない、すなわち「唯願無行」と称名念仏を批判したことに端を発する。

これを承けて、浄土教家《じようどきよう》は称名念仏が願行を具足し、即得往生の行であることを主張しようとして、南無阿弥陀仏の六字をそれぞれの立場で解釈していったが、この作業を通じて、名号にさまざまな意味内容が付与されることになり、結果として名号は言霊化に向けて大きく歩み出すことになる。ではまず、中国仏教における浄土教家の六字釈からみていこう。

中国での六字釈

まずは道綽《どうしゃく》の解釈から。道綽は『安楽集《あんらくしゅう》』第二章の中で、『観経』の下品下生者が臨終の十念によって往生することを別時意とする説に反論を加え、次のように述べる。

今、別時意語を解せば、謂く仏の常途の説法は皆、先因後果を明かす。理数炳然たり。今、此の経の中には但だ一生の造罪命終の時に臨んで、十念成就して即ち往生を得と説きて、過去の有因無因を論ぜざるは直に是れ世尊《せそん》当来の造悪の徒を引接して、其れをして臨終に悪を捨てて善に帰し、念に乗じて往生せしめんとなり。是れを以て其の宿因を隠せり。此れは是れ世尊始を隠して終を顕し、因を没して果を談ずるをもて名づけて別時意語と作す。（中略）十念成就する者、皆過因有りて虚しからず。若し彼、過去に因無くば、善知識《ぜんちしき》すら尚お逢遇すべからず。何に況んや十念而も成就すべけんや（T. 1958, xlvii 10a20–b6）。

ブッダが『観経』で十念往生を説いたのは、造罪の人々を仏教に引き入れるためであり、果だけを説いて因を説かなかったが、実は十念を成就するほどの者は過去世において充分な善業（因）を積んでおり、だからこそ今生で善知識にも遇っているのだから、十念による即得往生（果）は可能であると道綽は解釈する。

次に、迦才《かざい》の説を紹介する。彼の生没年は不詳であるが、迦才は唐代初期に活躍した浄土教家で、年代的には道綽と善導《ぜんどう》の中間に位置づけられる。彼の主著『浄土論《じょうどろん》』は、この問題を次のように論じている。

若し仏経の中に「衆生、発願《ほつがん》すれば則ち往生を得」と説かば、いずれも是れ別時意説にして往生を得ず。小弥陀経に云う「若し人有りて已に発願し、今発願し、当に発願せば、彼の国土に若しくは已に生まれ、若しくは今生まれ、若しくは当に生まれるなり。」此れ等の経の如きは惣て是れ別時意説にして〔往〕生を得ざるなり。若し諸の浄土経の如く、或いは三福業や十六観門を明かし、或いは菩提心を発《お》こさしめて七日念仏し、或いは教えて発願廻向《えこう》せしめ十念往生す。此の如き等の経はいずれも是の往生、即ち別時に非ざるなり。故に彼の論に云う、「唯だ発願に由るは、是れ別時意なり。

既に空なる発願の理は是れ別時なり」と（T. 1963, xlvii 91a24–b3）。

これによれば、迦才は願行具足の「願」を『阿弥陀経』の後半で説かれる「已発願今発願当発願」に当て、発願だけでは即得往生は無理だが（別時意説）、この発願に「三福業（世俗の善・清浄《しょうじょう》の善・大乗の善）／十六観門（観経所説の定善）／発菩提心／念仏」などの「行」を加えれば、願行具足となり、即得往生は可能との見解を示している。先に見た道綽も迦才も、名号自体について願行具足を論じているわけではない。では最後に、願行具足の問題を名号という観点から論じる善導の解釈をみてみよう。善導は『観経疏』「玄義分」で、六字の名号を次のように解釈する。

今此の観経の中の十声の称仏は、即ち十願十行有りて具足す。云何が具足す。南無と言うは、是れ即ち帰命《きみよう》、亦た是れ発願回向の義なり。阿弥陀仏と言うは、即ち是れ其の行なり。斯の義を以ての故に必ず往生を得（T. 1753, xxxvii 250a27–b1）。

南無阿弥陀仏の六文字は「南無」と「阿弥陀仏」の二つに分解され、「南無」が「願」に、「阿弥陀仏」が「行」に配され、南無阿弥陀仏の六文字全体で願行を具足すると善導は解釈する。善導にいたってはじめて名号自体で願行具足が論じられるようになり、これを承けた日本の浄土教家たちもそれぞれ独自の六字釈を展開していく。こうして、南無阿弥陀仏の六文字は「単なる文字の集合体」、あるいは「帰依《きえ》を表明する言葉」という域を超え、願と行とを具足し、それを称える者に即得往生を実現させる力を持つ〝真言〟的な機能を持つ言葉として再解釈されるのである。

法然の不回向論

善導を承けた法然《ほうねん》は六字釈を展開しなかったが、その代わりに「不回向」を説いた。では、法然の不回向論に入る前に、まず「回向」の説明をしておこう。回向と訳される原語は pariṇāma/pariṇāmanā であり、これは pari√nam（曲げる／変化する）という動詞に由来するが、仏典において用いられる場合には、大きく分けて二つの回向がある。「内容転換の回向」と「方向転換の回向」である（梶山［1983］）。では何を回向するのかというと、善業（功徳《くどく》）の果報《かほう》である。仏教の因果論に従えば、善（悪）なる業（行為）には楽（苦）果があると説く。

ここでは善業にかぎって説明しよう。善業を積めば、その善業はその行為者に楽果を将来もたらすことになる。しかし、いかなる楽果がもたらされるかはその行為者にはわからない。そこで、自分が望む楽果を限定（あるいは指定）したい場合に行うのが回向、すなわち内容転換の回向である。自分が享受する楽果の内容を変えることになるので「内容転換の回向」と呼ばれる。

次に「方向転換の回向」を説明しよう。「自業自得」の原則からすれば、自分が行った善業の果報は自分が享受することになるが、大乗仏教の空の思想は、それを他者に振り向けることを可能にする。つまり、自分が積んだ善業の果報を他者が享受するように願う行為が回向、すなわち「方向転換の回向」だ。現在、日本の法事などで行われている追善回向はこちらの回向である。この世に残された者が読経し、念仏を称えて功徳を積み、その果報を死者の菩提に振り向けるからだ。前置きが長くなったが、ここで言う「回向／不回向」は「内容転換の回向」を指す。ではこれを前提に、法然の不回向論をみていこう。

法然の不回向論は『選択集』第二章にみられる。ここでは往生行として雑行よりも五種正行が勝れていることを、五つの二項対立で示したものだ。五種正行とは善導が立てた浄土往生のための実践行であり、㈠読誦《どくじゅ》（浄土三部経を読誦する）、㈡観察《かんざつ》（阿弥陀仏を観察する）、㈢礼拝《らいはい》（阿弥陀仏を礼拝する）、㈣称名（阿弥陀仏の名号を称える）、そして㈤讃歎供養（阿弥陀仏を讃歎し供養する）である。善導は一切の行を正行と雑行とに分け、阿弥陀仏に関わる行を正行、それ以外を雑行と位置づける。そして正行の中でも㈣の称名こそが「正定業《しょうじょうごう》」であり、それ以外の正行は正定業の「助業」（補助的な業）とする。

そして、法然はこの正行と雑行とを五つの観点から比較する。すなわち㈠親疎対《しんぞたい》、㈡近遠対《ごんのんたい》、㈢無間《むけん》有間対《うけんたい》、㈣不回向回向対、そして㈤純雑対《じゅんぞうたい》であるが、この四番目で回向が議論される。つまり、雑行は回向（つまり内容転換の回向）することによってはじめて往生の因となるから回向する必要があるが、正行は自ずと往生の業（往生の因）となるので、回向という行為を用いる必要がないと言う。

五種正行の中でも称名こそが正定業であるから、称名念仏は回向という行為の助けを借りずとも、それ自身独立し、往生に直結する行ということになる。よって、六字釈ではないが、この不回向論が法然の称名念仏の位置づけを端的に表していると言えよう。『禅勝房伝説の詞《ことば》』に「本願《ほんがん》の念仏には一人立ちをさせて助をささぬなり。助というは、智恵をも助にさし、持戒《じかい》をも助にさし、道心をも助にさし、慈悲《じひ》をも助にさすなり」という法然の言葉が残されているが、これも称名念仏がそれ自身で独立した往生行であることを示している。

日本での六字釈

では法然門下の六字釈を紹介する。まずは浄土宗第三祖・良忠《りょうちゅう》（一一九九〜一二八七）

の解釈からみていこう。善導著『観経疏』の注釈書で、良忠撰の『観経疏伝通記』「玄義分記六」には、次のようにある。

「至心信楽欲生我国」は、即ち「南無」の意なり。「乃至十念」は、即ち是れ「阿弥陀仏」の四字なり。是れを以て観経の下上下下に本願の行を説きて「称南無阿弥陀仏」と云えり。故に南無阿弥陀仏と唱うるは、即ち是れ願行具足の相なり（浄全 ii 197b28-31）。

ここでは『無量寿経』第十八願の「至心信楽欲生我国乃至十念」を分解して南無と阿弥陀仏に配し、「至心信楽欲生我国＝南無（＝帰命＝発願）」を願、「乃至十念＝阿弥陀仏」を行と解釈している。「南無」と称えることで願を、「阿弥陀仏」と称えることで行を具足し、「南無阿弥陀仏」と称えれば願と行とを具足することになるが、基本的には善導の解釈を踏襲し、ここに良忠独自の六字釈が展開されているわけではない。

次に、法然の高弟の一人で、浄土宗西山派の祖・証空《しょうくう》の解釈をみてみよう。証空は『述成（述誠）』でこう指摘する。

然れば即是其行の行体、仏の実体と成じ玉う所が即ち往生なる体を顕わす。ここには一念十念も機の功に仍らず、唯だ仏体の外に別に機の功を論ずる事なき所を「念々不捨者是名正定之業」という。即ち此れを他力《たりき》の至極とするなり。然れば機の功の念仏によりて往生すというにはあらず、念仏即往生と心得るなり（森［1980：89.7–11］）。

これによれば、往生は衆生の側（機）の念仏という働きかけ（功）で成就するのではなく、六字の名号の中に、行（即是其行の行体）も阿弥陀仏の実体（仏の実体と成じ玉う所）としてすでに具わっているので往生が可能になると言う。つまり、念仏を「如来召喚《にょらい》の勅命」として受け取ることになるので、自力的要素は排され、「他力の至極」と表現されることになるが、これは「仏体即行」と表現される。

この場合の「仏体（阿弥陀仏の本体／実体）」とは名号中の「阿弥陀仏」という〝言葉（文字）〟を指すから、その「阿弥陀仏」という言葉（能詮）は「阿弥陀仏」という実体（所詮）とイコールにあり、ここにも阿弥陀仏（あるいは名号）の言霊化が確認されよう。これはより端的に「名体不二」と表現される。浄土真宗や浄土宗西山派では、南無阿弥陀仏という名号（能詮＝名）と阿弥陀仏の正覚《しょうがく》の本体（所詮＝体）が不二であることを言うが、これはまさに「能詮＝所詮」という言霊化を意味している。

「阿弥陀仏が正覚を得たことの本体（本質）は、称名による往生が可能になったことであるから、それは必然的に『可能になったのだから、南無阿弥陀仏と我が名を称えよ』という〝如来からの召喚〟として展開することになる」という理解であり、だからこそ「名体不二」なのである。

では最後に、法然の弟子であり、浄土真宗の開祖・親鸞《しんらん》の六字釈をみていく。これについては二つの異なった立場があり、『教行信証《きょうぎょうしんしょう》』「行巻」では仏の側から解釈し、『尊号真像銘文《そんごうしんぞうめいもん》』では衆生の側から解釈する。ではまず、『教行信証』「行巻」の「仏の側からの解釈」を紹介しよう。

しかれば「南無」の言は帰命なり。（中略）「帰命」は本願召喚の勅命なり。「発願廻向」というは、如来すでに発願して衆生の行を廻施したもうの心なり。「即是其行」というは、すなわち選択本願これなり。「必得往生」というは、不退の位にいたることを獲ることをあらわすなり（金子［1957：74］）。

善導は「南無阿弥陀仏」の六字を「南無」と「阿弥陀仏」に分けて論じた。一方、親鸞は冒頭で「「南無」の言は」と述べるだけで「阿弥陀仏」の解釈はしないが、ここでは

「南無阿弥陀仏」の六字全体が、「帰命（本願召喚の勅命）」「発願回向」「即是其行」の三義で説明される。

通常「南無」は「南無（帰依／帰命）する」を意味し、その主語は「衆生」だが、絶対他力を目指す親鸞はここに自力の要素を認め、「阿弥陀仏が南無せよ」（本願召喚の勅命）と命じていると改読したことはすでに紹介した。「発願回向」も通常は「衆生が発願し〔善根《ぜんこん》を浄土往生に〕回向する」ことを意味するが、これも同様の理由で「阿弥陀仏が衆生を往生させようと発願し、往生の行を衆生に回向してくれた」と受け取っていく。つまりここに親鸞は阿弥陀仏の慈悲をみる。

最後の「即是其行」は『無量寿経』第十八願で誓われている選択本願念仏であり、これが衆生を浄土に往生させる行／力／働きを持つが、ここに阿弥陀仏の智慧が込められていると親鸞はみる。こうして阿弥陀仏の智慧と慈悲とが具わった名号が阿弥陀仏の側から衆生に回向され、それを受けて衆生は称名を相続することになる。このように、『教行信証』では仏の側から六字が解釈されるが、次に衆生の側からなされる六字釈をみてみよう。『尊号真像銘文』に善導の六字釈を引用して次のように述べる。

「言南無者」というは、すなわち帰命と申すみことばなり。帰命は、すなわち釈迦《しやか》・

弥陀《みだ》の二尊の勅命にしたがいて、召しにかなうと申すことばなり、このゆえに「即是帰命」とのたまえり。「亦是発願回向之義」というは、二尊の召しにしたごうて、安楽浄土に生れんとねがうこころなりとのたまえるなり。「言阿弥陀仏者」と申すは、「即是其行」となり。即是其行は、これすなわち法蔵菩薩の選択本願なりとしるべしとなり。安養浄土の正定の業因なりとのたまえるこころなり（真聖656）。

ここでの「帰命」と「発願回向」とは、仏（釈迦と阿弥陀仏）の命ずるままに帰依し、また往生したいという願いを発こすことを意味するので、つまりは衆生の信心《しんじん》を問題にしている。衆生の側からの解釈とはいえ、それは先ほど見たように、仏の側からの働きかけを受けてのことであるから、『教行信証』「行巻」は他力回向の名号の〝体（本質）〟を解釈し、『尊号真像銘文』は他力回向の名号の〝用（働き）〟を解釈したものと言える。

この親鸞の六字釈を承け、蓮如《れんにょ》（一四一五～一四九九）も独自の解釈を示す。蓮如の六字釈には二つの様式があり、善導のように「南無」と「阿弥陀仏」とを分ける場合と、六字全体として解釈する場合がある。前者については、「南無」とは「阿弥陀仏よりたまわりたる信心」（機）、「阿弥陀仏」とは「衆生を救済する仏本体」（法）であり、阿弥陀仏からいただいた信心と阿弥陀仏自体のことを意味するから、結局は機も法も同じ阿弥陀仏を本体とし、「機法一体《きほういったい》」とみなす。一方、後者は「南無阿弥陀仏」全体が機でもあり法でもあるという「機法一体」論である。いずれも「機法一体」を説いていることに変わりはない（平岡［2018b］）。

三　阿弥陀三諦説

天台の三諦説

天台の三諦説に入る前に、中村［1980］によりながら、まずはその淵源となる龍樹の『中論《ちゅうろん》』の原文を確認する作業から始めよう。これは以下の『中論』第二四章第一八偈に基づく。

いかなる縁起《えんぎ》も、われわれはそれを空と説く。それは仮に設けられたものであってそれはすなわち中道《ちゅうどう》である（MMK 503.10–11）。

これが鳩摩羅什《くまらじゅう》によって「衆因縁の法を我は即ち無なりと説く。亦た是れ仮名《けみょう》と為す。亦た是れ中道の義なり」と漢訳され、これに若干の変更が加えられ、「因縁所生の法を我は即ち空なりと説く。亦た是れ仮名と為す。亦た是れ中道の義なり」という表現が中国では一般に用いられる。この方が原文に近く、天台宗や三論宗《さんろんしゅう》はこれを用いる。この偈が中国天台宗の祖とされる慧文禅師《えもんぜんし》（南北朝時代・生没年不詳）によって注目され、天台宗ではこれを「空・仮《け》・中」の三諦を示すものとされ、「三諦偈」と呼ばれるようになる。

天台宗ではこの三諦説を、「因縁によって生じたものは空であるが、これは仮にそう表現しただけであるから、空を実体視してはならない。その空をさらに空じた（＝否定した）ところに中道の境地が現れる」と伝統的に解釈してきたが、インド仏教の文脈でこの偈を解釈すれば、この「空・仮・中」はすべて〝縁起の同義語〟として扱われており、天台的な解釈はインドにはなかったと中村は指摘する。

しかし中国仏教以降、この三諦説は既述のごとく解釈され、天台の観法に取り込まれると、「三諦円融《さんたいえんにゅう》」や「一心三観《いっしんさんがん》」として理論化される。空観《くうがん》とは「一切法は無自性《むじしょう》で実体がなく空であると観じること」、仮観《けかん》とは「空ではあるが、仮に現象としては存在すること」、そして中観《ちゅうがん》とは「空観と仮観とは別物ではないと観じること」を意味し、この三諦はそれぞれ個別ではなく、究極的には三諦が相即無碍で円融の状態にあることを「三諦円融」と言い、それを一心のうちに同時に観ずることを「一心三観」と言う。

そしてこの三諦説を「阿弥陀仏」に関連させて説くのが「阿弥陀三諦説」なのである。その起源については、中国天台諸師の文献には確認できず、また源信以前の諸師の文献にも確認できない。源信の撰と伝えられる『観心略要集《かんじんりゃくようしゅう》』にみられるが、これは後世の仮託と考えられている。よってその成立には不明な点が多いが、遅くとも一一世紀には成立していたとみられている。

成立の問題はさておき、天台の三諦（空・仮・中）が阿弥陀仏の「阿・弥・陀」にそれぞれ配され、空＝阿、仮＝弥、中＝陀、と対応させて、阿弥陀仏の仏名が天台法華《てんだいほっけ》の真理である三諦を示しているとみるのが阿弥陀三諦説である。これにより、阿弥陀という三文字には広大な功徳が含まれると考えられるようになる。これについては、末木［1979］に基づいて紹介しよう。

末木によれば、阿弥陀仏の「阿・弥・陀」にさまざまな意味を込めるようになったのは、智顗《ちぎ》（五三八～五九八）の『法華玄義《ほっけげんぎ》』所説の「類通三法」の影響が大きいと言う。ここでは、三道・三識・三仏性《さんぶっしょう》・三般若・三菩提・三大乗・三身《さんじん》・三涅槃・三宝《さんぼう》・三徳という十種の三法が、空・仮・中の三諦に配されて解釈されているが、『観心略要集』には「所以は、空仮中の三諦、法報応の三身、仏法僧の三宝、三徳、三般若、此の如き等の一切の法門は、悉く阿弥陀の三字に摂在せり（傍線部については後述）」とあり、これをみれば

『法華玄義』「類通三法」の影響は明らかだ。阿弥陀三諦説と関連して最も多く説かれるのが三身であり、法身《ほっしん》は中、報身《ほうじん》は空、応身《おうじん》は仮に配当される。

阿弥陀三諦説は阿弥陀という三文字を介して三諦を観じようとする観心を目的とするものであるが、その一方で阿弥陀仏という名号は言霊化されることになる。というのも、三諦およびそれと結びついた諸種の功徳が阿弥陀の三文字の中に包摂されているから、それを称えるだけでも広大な功徳が随伴することになるからだ。たとえば、『観心略要集』では、「理観《りかん》を修せず、只だ一仏の名を称える人は、往生を得るやいなや、如何」という問いに次のように答える。

夫れ名号の功徳は莫大なるを以ての故なり。空仮中の三諦、法報応の三身、仏法僧の三宝、三徳、三般若、此の如き等の一切の法門は、悉く阿弥陀の三字に摂在せり。故に其の名号を唱うれば、即ち八万の法蔵を誦し、三世の仏身《ぶっしん》を持つなり。纔《わずか》に弥陀仏を称念するに、冥に此の諸の功徳を備ること、猶し丸香の一分を焼けば衆香は悉く薫じ、大海の一滴に浴すれば衆河の水を用うるが如きのみ（恵全 i 330.1–4）。

本来なら理観（抽象的な理法を観察すること）を修しなければならないが、称名念仏だけでも莫大な功徳のあることが説かれている。こうして、阿弥陀三諦説は、院政期以降に大いに発展する称名念仏主義に論理的根拠を与えることになったと末木は指摘するが、このような時代を背景に法然は誕生したのである。

法然による念仏の言霊化

法然は阿弥陀三諦説を展開しなかったが、『三部経大意』において念仏の功徳を次のように説く。

> 諸宗各我ガ存ル所ノ法ニツイテ、阿弥陀ノ三字ヲ釈セリ。今此宗ノ心ハ、真言ノ阿字本不生ノ義モ、天台ノ三諦一理ノ法モ、三論ノ八不中道ノ旨モ、法相ノ五重唯識ノ心モ、惣テ森羅ノ万法、広ク是ニ摂習ウ（大橋［1971：34］）。

このように、法然は諸宗の主要な経義をすべて名号に収め取り、念仏の功徳を称讃しているが、末木［1979］はこれを以て、阿弥陀三諦説が法然に影響を与えたのは明らかであると指摘する。この『三部経大意』を承け、その後に記された『選択集』では、また違った観点から称名念仏の絶対化を図る。

法然は、末法《まっぽう》の世に、誰もが実践でき、誰もが往生可能な行として、称名念仏の一行を選び取ったが、法然がそれを選び取った根拠は、阿弥陀仏が称名念仏の一行を選択して往生の本願としたことによる。ではなぜ阿弥陀仏は称名念仏の一行を選択したのか。『選択集』第三章に注目してみよう。ここでは「(阿弥陀仏の)聖意測り難し、輙く解すること能わず。しかりといえども、今試みに二の義をもってこれを解せば」と前置きして、法然なりの解釈を示す。

「二の義」とは「勝／劣」と「難／易」である。称名念仏が「易行」であることに多言は要すまい。仏教の歴史において称名念仏が易行であったことは本書においても確認済みである。よって、問題は「勝／劣」である。易行であっても「劣行」であれば往生は実現しない。また往生するとしても、即得往生でなければ、称名念仏は別時意説となってしまう。よって、法然は称名念仏が「易行」であると同時に即得往生をもたらす「勝行」であることを証明しなければならなかった。

南無阿弥陀仏という、たった六文字を声に出して称えることが罪悪生死の凡夫《ぼんぶ》を次生において往生させる力を持つというのであるから、その六文字にはかなりの意味や意義を込めなければならなくなる。八万四千の法門と言われる仏教には、修行の方法も多種多様であるが、そのすべてを差し置いて、六文字だけの称名念仏を勝行とするのであるから、そこで捨てられた一切の行に匹敵するだけの功徳をすべて名号に込めなければならないのである。では、法然の見解をみてみよう。

名号はこれ万徳の帰する所なり（万徳所帰）。しかれば則ち、弥陀一仏の所有の四《し》智《ち》・三身・十力《じゅうりき》・四無畏《しむい》等の一切の内証の功徳、相好《そうごう》・光明《こうみょう》・説法・利生等の一切の外用の功徳、皆ことごとく阿弥陀仏の名号の中に摂在せり。故に名号の功徳、最も勝とするなり。余行はしからず。おのおの一隅を守る。ここをもって劣とするなり（大橋[1997：50]）。

名号に内面的な功徳と外見的な功徳のすべて（万徳）が帰せられることで、「南無阿弥陀仏」という六文字（能詮）は「万徳所帰」という実体（所詮）と同一視され、真言化されて、称名者を往生させる力を持つ言葉となる。このうち、傍線を施した表現は、すでに見た『観心略要集』の「悉く阿弥陀の三字に摂在せり」に近いことからも、末木の指摘どおり、法然の思想形成に阿弥陀三諦説が影響を与えたことは間違いない。

さらに、『法然上人行状絵図＝勅修誤伝（以下、勅伝）』三二では、「多くの修行と多くの善行の結果としての徳をもまどかに満たし、自らも覚り他者をも覚らせるという覚りへの修行を窮め、それによって具わった、煩悩《ぼんのう》なき無数の功徳をすべて私の名号にこめて衆生に称えさせよう」、『勅伝』二五では「ただ六字の名号を称える中に、一切の行が収まっている」とも言う。

日蓮による唱題の言霊化

本章を閉じるにあたり、最後に日蓮《にちれん》（一二二二〜一二八二）による唱題《しょうだい》の言霊化もみておきたい。というのも、念仏と同じ言霊化の現象が唱題においても確認できるからだ。南無する対象は異なるが（阿弥陀仏と妙法蓮華経）、どちらも末法の世に誰でもが実践できる「易行」で、かつ往生／成仏が可能な「勝行」を目指して選び取ったのが、法然の念仏であり、日蓮の唱題であった。唱題も贅肉をそぎ落として「南無妙法蓮華経《なむみょうほうれんげきょう》」の七文字に仏教のすべてを結晶化させるにあたっては、そこにそぎ落とした贅肉と同等の、あるいはそれ以上の意味や意義を込めなければならなかった。

日蓮は佐渡流罪前に著した『唱法華題目抄』で、「今法華経は四十余年の諸経を一経に収めて、十方世界《じっぽうせかい》の三身円満の諸仏をあつめて、釈迦一仏の分身の諸仏と談ずる故に、一仏一切仏にして妙法の二字に諸仏皆収まれり。故に妙法蓮華経の五字を唱うる功徳莫大也」（昭定203）と述べ、また佐渡流罪中に著した『観心本尊抄《かんじんほんぞんしょう》』でこう記す。

釈尊の因行果徳の二法は妙法蓮華経の五字に具足す。我等此の五字を受持《じゆじ》すれば自然に彼の因果の功徳を譲り与えたまう（昭定711）。

法然は名号の六字に、日蓮は題目の七字（五字）に、一切の功徳が包摂されていると考えた。簡素化された念仏と唱題ではあるが、贅肉をそぎ落として簡素化されても決して軽薄な行となったのではなく、逆にそこには一切の功徳が包摂され収まっていると解釈することで、易行かつ勝行であることを立証しようとした。

日蓮は念仏に代わる易行として唱題を発見したが、佐前では『法華経』と題目の関係は明確ではなかった。しかし佐渡で、日蓮は一つの解答を見出す。日蓮は『観心本尊抄』において、法華経の中で説かれる虚空会《こくうえ》で、ブッダが地涌の菩薩に授けた法は、実は題目だったと解釈した。こうして八万聖教の肝心は『法華経』に収斂し、さらに法華経の広大な教えは「妙法蓮華経」の五字に収斂していく。

第六章　簡素化から物語化へ

一　簡素化

選択という手法

法然《ほうねん》の浄土教《じょうどきょう》は、末法《まっぽう》なしには成立しなかった。歴史に「たら／れば」は禁句だが、法然が末法でない世に生を受けていたら、あるいは日本の中世に生を受けていても、末法に入る時期がずっと先であったら、専修念仏《せんじゅねんぶつ》には行き着いていなかったであろう。それほどまでに末法という時代背景は、法然浄土教の誕生に決定的であった。

しかし末法と言っても、その受け取り方は一様ではない。そういう時代だからこそ、頼りになりそうな神仏にはすべてなりふり構わずお祈りする、あるいは実践できる行は何でもとにかく実践してみるという考え方もある。しかし、法然の考え方はこれとは正反対であった。そういう時代だからこそ、ピンポイントで行を称名念仏《しようみようねんぶつ》の一つに絞ったのである。諸行《しよぎよう》の中から称名念仏を選び抜き、末法の世で誰もが実践可能で（易行）、なおかつ往生《おうじよう》が可能な行（勝行）ととらえた。

法然が平等性を強く意識していたことは本書で見たとおりであるが、末法という危機的な時代に誰もが平等に往生できる行を模索するさいの手法が「選択」であった。法然の選択思想を簡略に表しているのが、『選択集』の最終章である第一六章である。ここでは最終的に称名念仏が選ばれる過程を、次のように説明する。

夫れ速やかに生死を離れんと欲はば、二種の勝法の中には、且く聖道門を閣きて、選んで浄土門に入れ。浄土門に入らんと欲せば、正雑二行の中には、且く諸の雑行を抛《なげう》ちて、選んで正行に帰すべし。正行を修せんと欲せば、正助二業の中には、猶お助業を傍らにし、選んで正定《しようじよう》を専らにすべし。正定の業とは、即ち是れ仏名を称するなり。名を称すれば、必ず生ずることを得。仏の本願《ほんがん》に依るが故なり（大橋［1997：177-178］）。

最初の選択は道綽《どうしやく》の教相判釈に基づいている。道綽は全仏教を聖道門と浄土門とに分類し、このうち浄土門を称揚した。聖道門とは自力《じりき》で修行して覚りを開く仏教、一方の浄土門は仏の他力《たりき》を頼み、極楽《ごくらく》に往生してから覚りを開く仏教である。これが第一重の選択である。そして浄土門に入ったならば、次は善導《ぜんどう》の解釈に基づき、浄土門の行のうち、雑行を捨てて正行を選ぶように勧める。正行とは阿弥陀仏《あみだぶつ》を対象とする行であり、これに五種類がある。雑行とは、それ以外の行を指す。これが第二重の選択である。

最後の第三重の選択は、五種正行の中から称名正行を選択することである。これは阿弥陀仏が本願（『無量寿経《むりょうじゅきょう》』第十八願）において最終的に選択された行であり、往生行として正しく定められた行（正定業《しょうじょうごう》）であるから、称名念仏すれば必ず極楽に往生できると法然は理解した。なぜなら、仏の本願によるからである。このように、法然は道綽・善導・阿弥陀仏によりながら三重の選択を加えて、数多《あまた》ある仏教の行を選びに選び抜き、最終的に称名念仏に辿り着く。

洗練される行

こうして選び抜かれた称名念仏は「南無阿弥陀仏《なむあみだぶつ》」と口称するだけである。不要な贅肉を極限までにそぎ落とした結果、最終的に残ったのがこの六文字であった。法然が末法という時代的な制約、また易行にしてかつ勝行の模索という制約、この二つの制約の中で発見したのが称名念仏であった。アクロバティックである。しかし、このような制約があるからこそ、そこから生み出されるものは研ぎ澄まされ、洗練される。「艱難辛苦、汝を玉にす」の言葉どおり、偉人も絶望的な否定をくぐり抜けたときに誕生する。六年の苦行のすえ、悪魔の囁きに打ち勝ったときにブッダは誕生し、二五年の引き籠もりのすえ、善導が著した『観経疏』の一節に希望の光を見出したときに法然は再生した。自力に絶望して比叡山を下り、六角堂に参籠して夢告を受け、法然と出逢ったことがきっかけで親鸞《しんらん》は法然の教えに救いの道を見出し、佐渡流罪という逆境および度重なる法難や迫害によって日蓮《にちれん》は強靱な精神力を鍛え上げた。そのような経験をしたからこそ、彼らの思想は長大な歴史に堪えうる普遍性を獲得したのだ。逆境こそが、人と思想を鍛える。

話は少し逸れるが、これに関連して日本の和歌に言及しておこう。大岡［2017：95–96］は奈良・平安時代の一流女性歌人について論じるなかで、「和歌は原理的に見て、女性なしには存在しえない詩であったのです」と前置きし、次のように指摘する。

男性の場合は、多くの社会的広がりをもった関心事のおかげで、内面的生活に複雑な翳りが生じ、率直な感情表現をみずから制御したり、ためらったり、いつわったり、さまざまな口実を設けて言いつくろったりすることが日常茶飯事だったのに対し、女性はその行動範囲が狭くて限定されていた分だけ、その感情表現は痛切・率直で、自己自身を見つめる誠実さにおいても、しばしば男性を凌駕していました。

恋愛においても制約が多い分、当時の女性は真剣にならざるをえない諸条件に取り囲まれており、厳しい条件を背負って恋しなければならなかったので、恋の歌は彼女たちの全人生を要約し、あるいは象徴しているものとなり、恋の歌がそのまま哲学的瞑想の詩となったと大岡は言う。

話を法然に戻そう。法然も「末法に相応しい行／易行にして勝行」という厳しい条件の中で試行錯誤したからこそ、「選択」という手法を駆使して不純物を徹底的に除去し、南無阿弥陀仏の六文字、および称名念仏の専修という、もうこれ以上は省略できない極限の行に逢着した。だからこそ、その六文字には生気が宿る。短歌もたった三一文字の中に無限の思いを詰め込むことになるので、言葉の選びや語順、助詞の使い方など、細心の注意がはらわれる。だからこそ、そこには作者の魂が宿る。

おそらく、法然の段階で、簡素化は六文字が限界であった。そして簡素化すればするほど、そのプロセスで除去した不純物と同等あるいはそれ以上の意味や意義を込める必要があったので、名号《みょうごう》は言霊化の方向に進むことになったことは前章でみたとおりである。しかし法然は言霊化に満足せず、さらなる名号の強化を図った。それは何かと言うと、名号のアイデンティティ変更である。

二　念仏の物語化

アイデンティティとは何か

これについては、平岡［2019b］に基づいて紹介しよう。辞書を引けば、アイデンティティ（identity）とは「自己同一性・帰属意識・正体・身元」などと訳されるが、ここでは「自己のよって立つところ・存立基盤」とでも理解しておく。「あなたは何者（誰）か」と問われたとき、どう答えるだろうか。「私は〜である」には、多様な答えがありうる。「私は日本人である」「私は男である」など。

では自分をどう定義すれば人は安心し、それに誇りを持てるのか。オリンピックで日本人が金メダルを取り、それを嬉しく思うなら「私は日本人にアイデンティティを持っている」と言えるし、高校野球で京都出身の「〜高校」が全国制覇して嬉しければ、私は「京都人」か、あるいは「〜高校」の卒業生であり、それに誇りを持っていれば、私のアイデンティティは「京都人」あるいは「~高校」にあると言える。

あるアメリカ人男性は、日本人女性と結婚した。国籍の違う親同士の間に生まれた子供は一般に「ハーフ」と呼ばれるが、彼の息子も小学校で「ハーフ」と揶揄され、引き籠りになってしまった。言うまでもなく「ハーフ」は日本語で「半分」を意味するから、本人が落ち込むのも無理はない。そこで家族会議を開き、みなで話し合っていると、ふと家族はあることに気づいた。「お前はハーフなんかじゃない。ダブルだ!」。その瞬間、子どもの目の色が変わる。「そうだ、僕はダブルなんだ!」と。アメリカ人である父から一つ、そして日本人である母から一つをもらい受けた自分はダブルであると気づいたのだ。ここにその子のアイデンティティが「ハーフ(半分)」から「ダブル(二倍)」に変更されたことで、彼は自信を取り戻し、学校に行けるようになった。

ここで注目すべきは、彼自身の肉体および外見は何も変わっていないという点だ。「ダブル」だからといって体重が二倍になったのではないし、血液が二倍に増えたわけでもない。考え方を変えたことで、彼のアイデンティティ(存立基盤)が変わり、古い自己(私はハーフだ)は死んで、新たな自己(私はダブルだ)が誕生した。そして、これと同様のことが念仏でも起こったが、その変更を行ったのが法然なのである。

物語の創造：八種選択

法然の思想的特徴は「選択」にある。その主著は『選択集』であり、書名に「選択」が冠されていることがこれを如実に表している。またその内容も、「選択」という手法を駆使し、三重の選択の篩にかけて、諸行の中から称名念仏を最終的に選び取ったことはすでに見たとおりだ。しかし法然の選択は、この三重の選択にとどまらない。法然は選択という手法により新たな物語を創造し、それによって念仏のアイデンティティを変更していく。

すでに見た三重の選択のうち、第一重・第二重と第三重とでは意味が大きく異なる。なぜなら、前者は人（道綽・善導）の選択であるが、後者は仏（阿弥陀仏）の選択だからだ。浄土教徒にとって阿弥陀仏は絶対的な仏であり、その仏が称名念仏を唯一の往生行として選択されたのなら、それで充分なはずだが、法然はそれに満足しなかった。阿弥陀仏のみならず、仏教の開祖で浄土三部経を解き明かしたブッダ、さらには大乗仏教の時代になって綺羅星のごとく登場する諸仏も称名念仏を選択した、すなわち仏という仏が一人残らず称名念仏を選択したという物語を創造し、それによって称名念仏の普遍的価値をさらに高めようとしたのである。

法然は『選択集』の第一六章で、仏による「八種選択《はっしゅせんちゃく》」を説く。阿弥陀仏による本願念仏の選択が中心となるのは言うまでもないが、それを補強する七つの選択をさらに加える。

以下の①から③は『無量寿経』、④から⑥は『観経』、⑦は『阿弥陀経』、そして⑧は『般《はん》舟三昧経《じゆざんまいきよう》』に基づくが、その内容は次のとおり。（ ）内は、それが説かれる『選択集』の章を表す。

①選択本願：阿弥陀仏が本願念仏を選択したこと（第三章）

②選択讃歎：ブッダは往生の行を列挙するが、念仏のみを選択して讃歎したこと（第五章）

③選択留教：ブッダは余行や諸善に言及するが、念仏の教えのみを選択して後の世に留め置いたこと（第六章）

④選択摂取：弥陀の光明《こうみよう》は念仏する衆生《しゆじよう》のみを照らし、摂取して見捨てることがないこと（第七章）

⑤選択化讃：下品下生《げぼんげしよう》の衆生には聞経と称名の二つの行が説かれるが、弥陀の化仏は念仏のみを選択して、衆生を励ますこと（第一〇章）

⑥選択付属：ブッダは定善と散善とを説いてはいるが、念仏の一行のみを後世に付属したこと（第一二章）

⑦選択証誠：六方の諸仏は、諸行ではなく念仏による往生こそ真実（誠）であると証し

たこと（第一四章）

⑧選択我名：弥陀が自らの名前のみを選択したこと（対応箇所なし）

これを仏ごとに整理すれば、阿弥陀仏の選択は①④⑤⑧、ブッダの選択は②③⑥、そして諸仏の選択は⑦である。法然は、阿弥陀仏のみならず、ブッダも諸仏も念仏を選択し、それ以外の行は選択されなかったと理解することで、本願念仏の選択に普遍性を持たせようとした。つまり、法然は「弥陀・ブッダ・諸仏」を以て〝一切の仏〟を象徴させ、その一切の仏が心を同じくして念仏を選択したと理解した（平岡［2018b］）。

こうしてまとめてみると、『選択集』とは、阿弥陀仏はもちろん、ブッダおよび一切の諸仏がこぞって称名念仏を選択したことを論証する書であった。名号の言霊化に加え、新たな物語を創造することで念仏のアイデンティティを変更し、往生行としての称名念仏を盤石にしようとした。この念仏のアイデンティティ変更は、当時の人々にとってどのような意味を持ったのか。

「諸行の一つ」から「唯一の行」へ

まずは、ある食材を例に考えてみよう。それまで人々に普通に食されていた食材があったとする。可もなく不可もないという食材。しかし、ある研究者によってそれに抗がん作用のある成分が多量に含まれていることが発見され、臨床実験でその効果が実証され、それがテレビで放送されたらどうか。次の日、スーパーからその食材は瞬時に売り切れとなるだろう。その成分は研究者が発見しようとしまいと、最初から含まれていたが、それまで誰も気づかなかった。しかし研究者の発見により、その食材のアイデンティティが「平凡な食材」から「抗がん作用のある食材」へと変更された。この変更に伴い、人々のその食材に対する認識は大きく変わる。

次に、時代劇を例にとろう。ある殿様の嫡子は、やんごとなき事情で、殿様によって農家に預けられ、青年まで百姓として育てられた。それまでの、彼に対する周囲の人間の認識は「百姓の倅」である。ところがあるとき、彼は実は自分の嫡子であると殿様が世間に知らせたらどうか。世間は驚き、彼に対する認識や評価は大きく変わる。城内で暮らそうが農家で暮らそうが、彼の遺伝的には何の変化もない。しかし、事実を知らされた人の認識は大きく変わるはずだ。

同様に、法然が出現するまで、念仏は数あるうちの一つの行（one of them）であり、しかも劣行、あるいは初心者向けの行でしかなかった。しかし法然は念仏を「阿弥陀仏のみならず、ブッダや諸仏も選択されたのだ」という物語を創造することで念仏のアイデンティティを変え、事実上、唯一の往生行（the only one）にした。それを知った当時の人々は、従来とは違った目で念仏を認識するようになる。その認識の変化は、「平凡な食材」から「ガンを抑えてくれる食材」、あるいは「百姓の倅」から「殿様の嫡子」ほどのインパクトがあったに違いない。

ただし、「抗がん作用のある食材／殿様の嫡子」と「念仏」とでは、根本的に大きな違いが存在する。それは前者のアイデンティティは最初から存在し、後にそれが「発見」されただけなのに対し、念仏のアイデンティティは法然が「発明（創造）」した点である。換言すれば、前者は隠れていたアイデンティティが顕わにされたのに対し、後者は本来なかったアイデンティティを新たに作り出したのである。

本書で確認したとおり、念仏は多様に進化し、その進化の過程で法然により新たな物語が付与されただけで、そのような諸仏の選択が実際に働いたことは経典に説かれているわけではない。しかし、当時の人々は法然による「新たな物語の発明（創造）」を「新たな歴史の発見（＝隠れていたアイデンティティが顕わにされた）」として受け取り、そのインパクトは「抗がん作用のある食材／殿様の嫡子」と同じであった。

「新たな物語の発明（創造）」といえば、それは法然が「新たな物語を捏造（でっち上げ）」したという誤解を生むかもしれないので、さらに説明を加える必要がある。平岡［2018a］

でも指摘したとおり、仏教は変容し脱皮（それを本書では「進化」という言葉で表現した）するものである。つまり、時代と地域とにあわせてカスタマイズ（時機相応化《じきそうおう》）、あるいはチューニングされるべきものである。ブッダの説法《せっぽう》の基本が「対機説法《たいきせっぽう》」であるなら、当然である。

優れた仏教者が理法《りほう》（言葉を超えた真理）のトランスレーター（翻訳者）であり、翻訳にあたっては宗教体験が重要であって、それが恣意性からの脱却を可能にすることもすでに指摘したが、法然の「一切諸仏による称名念仏の選択」も、恣意的に創造された物語ではなく、末法という時代とそこに住まう人々（凡夫《ぼんぶ》）とを常に意識しながら経典や先人の残した論書と向かい合い、そして自らの宗教体験から紡ぎ出された物語、それが「一切諸仏による称名念仏の選択」という物語だったのである。

三　唱題の物語化

唱題の起源

称名念仏のルーツは『観無量寿経《かんむりょうじゅきょう》』にある。この経典がインド撰述かどうかは不明だが、ともかく称名念仏の起源は経典に求められる。では唱題《しょうだい》はどうか。〈法華経《ほけきょう》〉には〈法華経〉を受持《じゅじ》する功徳《くどく》は説かれているが、「南無妙法蓮華経《なむみょうほうれんげきょう》」と声に出して唱える行は説かれていない。経典で「南無妙法蓮華経」の用例は『仏説仏名経』にみられるが（T. 441, xiv 221c3）、ここでは〈妙法蓮華経〉のみならず、膨大な大乗経典が「南無」の対象として列挙されているので、〈法華経〉だけが特別視されているわけではないし、それが声に出して唱えられたかどうかも不明である。

中国仏教では、智顗《ちぎ》の『法華《ほっけ》三昧懺儀《ざんまいせんぎ》』に唱題の用例が確認できる。この書は『法華経』に基づく三昧の行法を具体的に説いたもので、普賢菩薩《ふげんぼさつ》を感得することを目的とするとローズ［1987］は指摘するが、そこには「一心奉請南無妙法蓮華経中普賢菩薩等一切諸大菩薩摩訶薩（中略）一心奉請南無妙法蓮華経中舎利弗等一切諸大声聞衆」（T. 1941, xlvi 951a9–13）と説かれている。

傍線部に注目すると、唱題と同じ表現がみられるが、これは、唱題のように「妙法蓮華経に南無（帰依《きえ》）する」のではなく、「妙法蓮華経の中で〔説かれている〕普賢菩薩等の一切の諸大菩薩摩訶薩（あるいは、舎利弗《しゃりほつ》等の一切の諸大声聞《しょうもん》衆）に南無する」のであるから、これを唱題の起源とはみなせない。

しかし、同じ『法華三昧懺儀』の別の箇所には、「三遍称（三回称えよ）」と前置きして、

「南無十方仏　南無十方法　南無十方僧　南無釈迦牟尼仏　南無多宝仏　南無釈迦牟尼分身仏　南無妙法蓮華経　南無文殊師利菩薩　南無普賢菩薩」(Ibid. 953c2-5) とあり、唱題の起源と思われる用例が確認できる。ただし、ここでは「南無妙法蓮華経」自体が特別視されているわけではない。なお、別の箇所では「南無大乗妙法蓮華経」(Ibid. 950c17) の用例も見出せる。

日本仏教では、平安時代より唱題の原形らしきものが確認できる。では高木［1973］に基づき、日蓮以前の唱題の用例をみていこう。まず、菅原道真が八八一年に草した「吉祥院法華会願文」に日本最古の用例がみられる。道真は観音像を新造して観音の讃仰と『法華経』の講義を行い、その由来が願文に記されているが、その末尾に「南無観世音菩薩　南無妙法蓮華経　如所説如所誓　引導弟子之考妣　速証大菩提果（後略）」とある。これは道真が亡き両親の菩提《ぼだい》の速やかな証得を祈請したもので、唱題最古の用例と考えられているが、これが声に出して唱えられた（唱題）かどうかは不明。

また一〇世紀末の用例として、天台宗《てんだいしゅう》の僧である覚超《かくちょう》（九六〇～一〇三四）の『修善講式《しゅぜんこうしき》』がある。講式とは法会・法要を行う際の儀式の次第を文章化したもので、時代が下ると、音楽性などの要素が付加され、声明的な要素も持つ。ここに「南无（無）大恩教主尺迦大師七反打　南无一乗妙法蓮花経七反打（後略）」とあり、「七反打（七回唱える）」と注記されているので、唱題したことは明白であろう。さらには、源信の著『空観』の末尾で、「南無阿弥陀仏・南無妙法蓮華経・南無観世音菩薩」と帰依し唱えて、往生を願うことを示している。

最後に、唱題が「易行」であることを示す用例を紹介する。法然は念仏を誰でも実践できる易行と位置づけ、日蓮も唱題を易行とみなすが、唱題の易行性は日蓮以前にその萌芽がみられる。鴨長明撰『発心集《ほっしんしゅう》』七八「中将雅通持法華経往生事」には、智者がわが子を仏法に結縁させるために、口がきけるようになれば、まず唱題から教えはじめ、さらに一句ずつ口うつしに一章一経と教えていった話がみられる。つまり易しい唱題から難しい誦経へとレベルを上げていくことを伝えている。

また念仏との対比で重要なのが、臨終唱題だ。最澄《さいちょう》（七六七〜八二二）の作と伝えられる『修禅寺相伝私注』には「臨終の時に南無妙法蓮華経と唱えれば、妙法の三力の功により、速やかに菩提を成じ、（中略）故に臨終の行者は法華の首題を唱えるべきである」とあり、臨終時の行となっていたことがわかるが、念仏ほどには普及しなかった。

以上からわかることは、次のとおり。日蓮以前にも唱題の先例はあったが、「南無妙法蓮華経」以外にも、「南無一乗妙法蓮華経（「南無平等大慧一乗妙法蓮華経」の用例もある）」などがあり、唱題の形式は一定していなかった。一方、唱題は誦経の初歩的段階、誦経以前の宗教的行為として幼稚・愚鈍の劣機に相応する行と考えられ、また念仏ほどではなかったが、臨終の行としても理解されていた（平岡［2019a］）。

唱題のアイデンティティ変更

唱題はインドに起源はないものの、中国天台にその萌芽がみられ、また日本では平安期以降、行としての地位を確立しつつあったので、唱題自体は日蓮の独創ではない。だが、法然が従来からあった念仏のアイデンティティを変えたように、日蓮も従来の唱題のアイデンティティを変更して唱題に新たな命を吹き込み、末法に通じる唯一の勝行として甦らせた。では、新たな唱題論はいかなる解釈に基づいて可能となったのか。間宮［2014］に基づき、紹介しよう。

日蓮が〝『法華経』の究極の法門〟とみなしたものに、「一念三千《いちねんさんぜん》」がある。この表現自体は〈法華経〉にはなく、智顗の思想に基づく。一念三千とは「凡夫の一念（一瞬の思い）にも三千世間（全宇宙の現象）が備わっている」ことを意味し、煩悩《ぼんのう》の中にも仏性《ぶっしょう》（仏になる可能性）があるとすることで、人々が成仏できる根拠（救済原理）を示す。智顗が仏の境界をめざして完成させたのが一念三千に思念をこらす修行（止観行《しかんぎょう》）だが、日蓮はこれを「法華経の珠」ととらえて発展させた。

一念三千は衆生を含む全世界を貫く理でありながら、末法の衆生の側からは決して把握できない世界であり、超越的領域にある仏の境界といえる。しかし日蓮は、そのような超越的領分が文字を媒介として、『法華経』のすべてを包摂するものとして仏の側からわれわれに示されているもの、それが「妙法蓮華経」という五文字であると主張する。それこそが、すなわち「題目」であり、仏は衆生が「南無」すべき客体として「妙法蓮華経」の五文字を衆生に差し出したととらえる。佐渡流罪期に記された『観心本尊抄《かんじんほんぞんしょう》』には、次のように記されている。

一念三千を識らざる者には、仏、大慈悲《だいじひ》を起こし、五字の内にこの珠を裹み、末代幼稚の頸に懸さしめたまう（昭定720）。

仏の大慈悲によって差し出された「妙法蓮華経」の五字を受持（＝唱題）すれば、衆生は一念三千という仏の功徳を自然に譲り与えられることになると日蓮は考える。唱題は『法華経』に信を置くことの端的な表明であると同時に、功徳において仏と衆生を同等にし、唱題を通して即身成仏《そくしんじょうぶつ》、すなわちその身のままで成仏が達成されると日蓮は解釈した。ここに日蓮独自の題目論が確認される。このような解釈も日蓮独自のものであり、日蓮による物語の創造である。経典に典拠があるわけではないが、日蓮が理法との格闘のすえ、宗教体験を通して紡ぎ出した物語であるからこそ意味がある。

最後に日蓮の唱題論の特徴として、「末法」あるいは「末法の劣機（凡夫）」が意識されている点も指摘しておこう。たとえば「上野殿御返事」で、「今、末法に入りぬれば、余経も法華経もせんなし。ただ南無妙法蓮華経なるべし。（中略）この南無妙法蓮華経に余事をはじえば、ゆゆしきひがごとなり」（昭定 1492）と説き、末法では法華経さえも不要であり、唱題だけでよいとする。

また日蓮は『十章抄』で、「真実に円の行に順じて常に口ずさみにすべき事は南無妙法蓮華経なり、心に存すべき事は一念三千の観法なり、これは智者の行解なり。日本国の在《ざい》家《け》の者には但だ一向に南無妙法蓮華経ととなえさすべし、名は必ず体にいたる徳あり」（昭定 490）と説く。こうして日蓮は末法劣機の自覚に立ち、智者の行である一念三千の観法に代わる法華唱題の専修を人々に勧めた（花野［2014］）。

念仏の系図

以上で一通りの説明が終わったので、最後に念仏の系譜を、現段階での最終ステージとしてまとめ、繰り返しになるが、若干の説明を加えておこう。まずは系統図から。

【ステージ5】

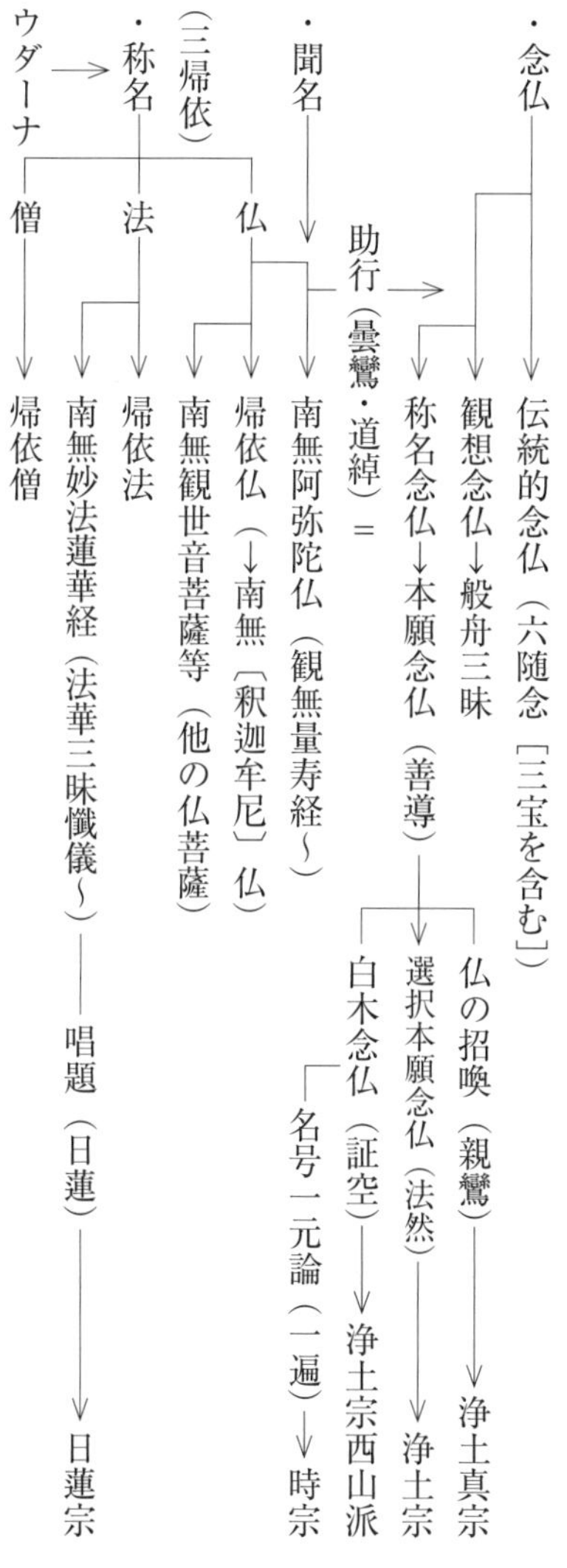

念仏はまず、仏の抽象的な諸徳を念ずる行として出発した。しかし、時間の経過とともに、念ずる対象に変化が生じる。無仏の世になって「仏に逢いたい」という思い、あるいは仏像の出現などにより、抽象的な諸徳に加え、仏の具体的な姿形を念ずる念仏も誕生した。これは大乗仏教の時代に般舟三昧として、その地位を確立していく。

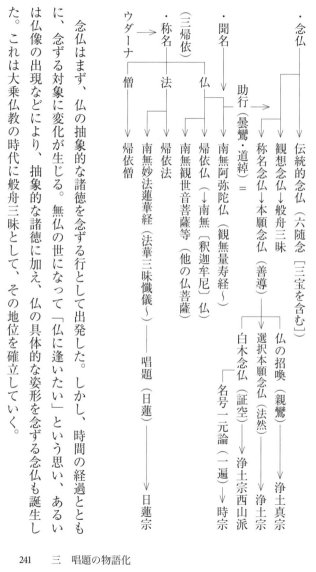

念仏とはまったく別次元で、称名の起源となる三帰依の表明も入信儀礼とともに誕生したが、三帰依のうち仏帰依は伝統仏教の典籍において念仏と併用されていた。特に窮地に陥った場合は、仏を念じながら「南無仏」と称えるとその窮状を脱することができるという用例が確認できる。これにより、大乗仏教以前の段階で、念仏あるいは称名は功徳のある行為と認められていたことがわかる。

また仏典には仏の名前を聞くことの功徳も説かれていたが、この聞名《もんみょう》にも刺激を受け、三帰依の南無仏の伝統から「南無阿弥陀仏」が誕生する。インド撰述とするには疑問が残る『観無量寿経』には「南無阿弥陀仏と称える」称名の行が説かれているが、それを念仏とみなすにはしばらくの時間が必要であった。なお、この阿弥陀仏の代わりに他の仏名を入れれば、さまざまな帰依仏の表明が誕生する。教祖ブッダに対する帰依の表明は「南無釈迦牟尼仏《しゃかむにぶつ》」となり、「南無仏」よりも表現が具体的になった。

浄土教が中国に将来されると、中国的に変容した浄土教が展開する。その中で、念仏と称名とは徐々にその距離を縮めていき、独自の関係を築いていくが、その関係は「称名が念仏の補助的な行／導入的な行」として位置づけられたので、称名の価値は低かった。そもそも念仏の「(随)念((anu-)smṛti)」は初期仏教以来、三十七菩提分の中でしばしば登場するが、称名はその中には確認できず、もともと行とはみなされていなかったので、念仏よりも称名の価値が低いのは当然である。

しかし、善導はこの両者の関係を根底から覆した。それまで「念仏と称名」だった関係は「念仏が称名」となり、両者を同一視してしまう。そしてこの念仏を「本願念仏」と解釈し、それ単独で往生が可能な行に格上げした。善導以降、念仏は両義性を帯びることになるので、従来の念仏を「観想《かんそう》念仏」、新たに誕生した念仏を「称名念仏」と呼び、区別することがある。観想念仏（とくに般舟三昧）とは「仏の姿形（想）を観ずる念仏」で、インドから中国、中国から日本へと仏教が伝承される中、脈々と行としての独自性を保持してきた。

最後に日本仏教の展開を整理しておく。法然以前にも浄土教は多彩に展開したが、善導の功績にもかかわらず、称名念仏の価値は低く、初心者あるいは機根の劣った者が実践する行としての価値しか認められていなかった。その善導の解釈を承け、さらに念仏を進化させたのが法然だ。法然は善導の「本願念仏（念仏すれば往生できる）」を「選択本願念仏（念仏でしか往生できない）」に昇華し、念仏の絶対化を図った。そのために法然は、阿弥陀仏および一切諸仏が念仏を選択したという物語を創造し、念仏のアイデンティティを変更した。こうして念仏は「易行かつ勝行」とみなされるに至る。

この法然の浄土教を母胎にして、次世代の浄土教が分化する。親鸞は徹底的に自力を排し、衆生の側からの解釈をすべて仏の側からの解釈に主体を変更し、念仏も「衆生が阿弥陀仏に南無する」という念仏から「阿弥陀仏に南無せよ」という阿弥陀仏の召喚と再解釈する。「如来《にょらい》よりたまわりたる信心《しんじん》」もこれと軌を一にした考えだ。

法然の高弟だった証空《しょうくう》は「白木の念仏」を称えたが、その流れから一遍《いっぺん》が登場する。法然の浄土教も親鸞の浄土教も、主体がどちらにあるかは別にして「衆生と阿弥陀仏」の二項対立（二元論）が前提となるが、一遍はあらゆる二項対立を無化して名号に吸収し、「名号の絶対化／名号の一元論」を図った。

またここでは、日蓮の唱題も取りあげた。唱題は南無（帰依）の対象を「妙法蓮華経（＝法）」とするので、唱題は三帰依のうち「法帰依」にあたる。その初出は智顗の『法華三昧懺儀』だが、日蓮が出現するまで唱題は特別な行ではなかった。しかし日蓮は唱題のアイデンティティを変更し、特別な意味を持つ行として再生させた。

ダーウィンの進化論のポイントは「突然変異」と「自然選択」にある。生命が引き継がれる過程で遺伝子のわずかなコピーミスが生じ（突然変異）、そのミスは個体の形質に何らかの変化を生じさせる。その形質の変化が環境に適合した場合、つまり自然によって選択された場合（自然選択）、その遺伝子が強化されて後世に引き継がれるし、そうでなければ絶滅する。この繰り返しにより、進化は促進されるのだ。

仏教の教えにも、さまざまな突然変異が起こる。その要因は、時機相応化を求める仏教の真理が仏教者の宗教体験を通してさまざまに変容することにある。本書で見た善導・法然・親鸞・一遍などは、その典型例であろう。これは人為選択だ。これに「末法」という自然選択の圧が加わったとき、称名念仏は末法という環境に最も適合し、生き残ったと解釈できよう。

終章　念仏はどこに向かうのか

さらなる簡素化

ここまで念仏《ねんぶつ》の過去から現在に焦点をあて、その発展の過程を整理してきたが、終章ではその視点を現在から未来に転じ、念仏が将来、どこに向かうのかを予想してみよう。過去から現在のベクトルの方向性が確認できれば、念仏の未来はそのベクトルが向かう延長線上にある程度、予想できるはずだ。ここでは、三つの観点から念仏の将来を予想してみよう。すなわち「簡素化」と「物語化」、そして念仏の「意味内容の変更」の三つである。ではまず簡素化から。

仏教に八万四千という法門があるのは、千差万別なる衆生《しゅじょう》の能力に応じて教えの説き方が異なるからだ。これをふまえ、仏道の修行は山登りに喩えられることがよくある。目指すゴールは山頂（覚り）一つだが、そこに至る方法（修行法）は無数にあるとも言える。仏典をひもとけば、実際に数多くの修行法が説かれている。しかし、悠久の時間の流れとともに、インド古代の仏教が日本中世の法然《ほうねん》にいたって、一切の行が称名念仏《しょうみょうねんぶつ》の専修《せんじゅ》に収斂してしまった。行の簡素化である。

称名念仏は「南無阿弥陀仏《なむあみだぶつ》」という六文字を口称するだけの易行である。この古代から中世への「簡素化」というベクトルを未来に向ければ、それはさらなる簡素化に称名念仏が進む可能性がある。その場合、簡素化される対象は二つ。一つは六字の名号《みょうごう》自体がさらに文字数を減らす場合と、もう一つは声に出して称えるという行為自体がさらに簡素化される場合である。まずは行為自体の簡素化から考えてみよう。

事実、法然から分化した親鸞《しんらん》は「称名」という行よりも信心《しんじん》を重視した。これは行と信に関わる重要な問題だが、法然の立場は「一枚起請文《いちまいきしょうもん》」の「ただ一向に念仏すべし」とあるように行重視だが、親鸞の立場は「真実の信心は、かならず名号を具す。名号はかならずしも願力の信心を具せざるなり。このゆへに、論主はじめに我一心とのたまへり」（金子［1957：169］）である。ここでの「名号」は称名（＝行）と置き換え可能であるから、真実の信心は必ず称名を伴うが、称名は必ずしも信心を伴わず、行よりも信が重要視されている。内的な信心の獲得は外的には念仏の声となるが、外的な念仏の声からは内的な信心の獲得を必ずしも意味しないというのが親鸞の信重視の立場だ。

ここで注意を要するのは、このような動きには「反動」もありうることである。すでに鎌倉期において、一遍《いっぺん》の浄土教《じょうどきょう》は「踊り念仏」を重視し、身体性を伴って称名は復活している。また無信の人に念仏札を配ることに躊躇していた一遍は夢の中で熊野権現から、「あなたが勧めるから往生《おうじょう》できるのではない。阿弥陀仏の力で往生できるのであるから、念仏の信不信、また人の浄不浄をえらばず、札を配るように」と神勅を受けている。これはある意味で親鸞の浄土教のアンチテーゼでもある。ただし、簡素化の反動と位置づけられる一遍の浄土教も、その後の展開で主流を占めることがなかったことを考えると、やはり簡素化の流れは止まりそうもない。

これについては、養老［1989］の「唯脳論」が参考になるだろう。養老は時代が進むにつれて「脳化」が進むと言う。脳化とは脳機能が発達するにつれて身体性が欠如することを意味する。昨今、脳化の象徴とも言えるIT革命により、社会から身体性は徐々に排除され、すべてはヴァーチャル化しつつある。とすれば、念仏も法然の口称（口業《くごう》）から親鸞の信心（意業《いごう》）へと向かい、一遍が踊り念仏（身業《しんごう》）によって念仏に身体性を取り戻そうとしたが（歴史的にみると奏功したとは言い難い）、やはり意業との関わりで念仏は生き残りを図ろうとするかもしれない。

次に六字の名号自体の簡素化についてみていこう。念仏は易行であり、これ以上の簡素化は無理なように思われるが、不可能ではない。たとえば「南無」だけ、あるいは「阿弥陀仏」だけに簡素化されるかもしれないし、「阿弥陀仏」はさらに「阿」字に凝縮されるかもしれない。あるいは「南無阿弥陀仏」が他の表現（文字）に取って代わられ、簡素化される可能性も否定できないだろう。

さらなる物語化

簡素化が進むと、どうなるか。簡素化は不純物を排除するので、〝余白〟を生む。そしてその余白は、結果として多様な解釈や独自の物語を生みだす素地となる。こうしてさらなる簡素化はさらなる物語化へと路を開く。情報量の少なさが、かえって想像力をかき立てるとも言えよう。こうして法然は、行の簡素化と平行して、それを正当化する理由、すなわち物語を創造した。法然が「選択」による物語を創造して念仏のアイデンティティを変更したように、将来、新たな宗教的天才が出現し、念仏のアイデンティティをさらに更新することもありうるだろう。

浄土宗徒にとっては法然、浄土真宗徒にとっては親鸞が宗祖であるから絶対視してしまうが、そもそも仏教の開祖はブッダである。にもかかわらず、法然や親鸞はブッダ以上に重要視される。さらに言えば、浄土教において衆生の救済主は阿弥陀仏であるが、浄土宗の総本山知恩院、浄土真宗の総本山である東西本願寺においても大殿に鎮座するのは宗祖であり、阿弥陀仏ではない。

平岡［2016a］でも指摘したが、「ブッダ以上に法然・親鸞を重視する態度の肯定」が意味するのは、「その法然・親鸞を否定するという態度の肯定」である。ブッダの教えを新たに〈脱皮〉させたのは法然・親鸞だが、その法然・親鸞の態度を肯定するのなら、その法然・親鸞の教えを将来、さらに脱皮させるであろうX（現段階では、それが何か、あるいは誰かはわからないが）の存在も肯定しなければならない。

逆に、法然の教えを〈脱皮〉させるであろうXの存在を否定するのなら、ブッダの教えを〈脱皮〉させた法然・親鸞も否定されるべきだし、その場合は原点墨守主義に立ち返り、仏教の開祖ブッダこそを絶対視すべきである。その場合の仏教は、もはや〈仏教〉ではなく、〈釈迦牟尼教《しやかむにきよう》〉と呼ばなければならない。

この二つは紙の裏表の関係にあり、一方（表面）を肯定すれば、他方（裏面）も肯定するか、あるいは一方を否定すれば、他方も否定しなければならない関係にある。もし「法然・親鸞の否定」を否定するなら、「ブッダ以上に法然・親鸞を重視する態度」も否定しなければならない。この場合の「法然・親鸞の否定」とは、法然の存在や思想を無価値と否定するのではなく、町田［2010：288］の言葉をかりれば「法然・親鸞を超えていく／宗祖を絶対視しない」、本書の言葉で言えば「法然・親鸞の浄土教をさらに進化させる」

となる。

真の宗教体験による新たな教法《きょうほう》（および物語）の説示は、否定されるどころか、むしろ肯定されるべきものである。仏教の歴史は聖典解釈の歴史であり、前世代の聖典を無視して次世代の解釈はありえないが、〝解釈〟である以上、前世代の聖典を一字一句間違いなくコピーすることが求められたのではない。前世代の聖典の再解釈こそが時機相応《じきそうおう》化を可能にしたのであり、進化論的に言う「わずかなコピーミス」の積み重ねが仏教の多様化を生んだのだ。前世代の歴史を次世代にそのまま正確に伝えるなら、物語の創造はありえなかった。

ここで、歴史と物語の関係を考えてみたい。歴史は現実（non-fiction）を、物語は非現実（fiction）を問題にするので、相反するかに見える。だが、英語をみれば、歴史（history）と物語（story）は語形が近い。語源が同じだからだ。両者とも「調査する／知識・情報を得る／記述・説明する」を意味するラテン語historiaに由来し、フランス語histoire、スペイン語historia、イタリア語storiaは、同一の単語で「歴史」と「物語」の両方を意味する。両者は本来、別物ではなかった。「歴史学」は現実と非現実を峻別し現実のみを追求するが、「歴史」は「物語」を含む。古代人にとって創世神話や伝説は立派な歴史であり、中国の史書も自らの王朝を正当化する物語を含む。

仏教学者が追求するのは〝歴史的事実〟だが、仏教者が希求するのは〝宗教的真実〟であり、それが歴史的に事実かどうかは問題ではない。宗教的天才は理法《りほう》のトランスレーターとして、歴史に基づきながらも理法との接触（宗教体験）を通じ、その歴史の中から物語を紡ぎ出す。よって、法然や親鸞を超える宗教的天才の存在、およびその天才が〝語る〟新たな教法（物語）を否定してはならない。〝語る〟は〝騙る〟に通ずるので、「物語る」とは「超自然的な霊力（物）を持つ何かになり代わって語る」とも言えよう。この場合の「物」は本書の文脈では「理法」と置き換え可能だ。宗教的天才は理法の名を騙り、理法の「声なき声」を語る（平岡［2018b］）。

あるいは、念仏のアイデンティティを更新するような新たな経典が発見される可能性も否定できない。経典の新たな写本はまだまだ発見されつつあるが、その中に新たな教えが示されているかもしれないし、そうなれば新たな物語は〝発明〟ではなく、〝発見〟されることになる。

意味内容の変更

最後に、念仏の意味内容の変化に注目する。本来、念仏は仏の諸徳を随念することを意味した。しかし時代が下ると、念の対象は抽象的な諸徳から具体的な仏の姿形に変化する。

そしてさらに、善導《ぜんどう》独自の解釈により、念仏は「名号を称えること」、すなわち「称名が念仏」というように、念仏の意味内容が変化した。とすれば、将来、念仏の意味内容がさらに別のものに変化していく可能性があるだろう。

たとえば、念仏自体の意味内容の変更ではないが、阿弥陀仏の意味内容は大正時代の山崎弁栄（一八五九～一九二〇）によって再解釈されている。浄土宗の檀家に生まれた山崎が最初に接した仏教は法然浄土教であったが、その本源の精神に立ち帰ろうとした山崎は法然浄土教から大乗仏教へ、そして大乗仏教から開祖ブッダの仏教へと遡っていく。そして自らの念仏三昧の内証とブッダの覚りとの間に同一性を見出すと、さらに山崎は普遍性を求め、他宗教（キリスト教やイスラム教など）との共通の地平にまで降り立つ。そしてその最も根源的な地平から、山崎は阿弥陀仏を再解釈するのである。

すなわち、大乗仏教では数ある仏の一人（One of Buddhas）だった阿弥陀仏は、本源的な唯一の仏（The only Buddha）となり、それに伴って、その名前も「〔大〕御親〔オオ〕ミオヤ〕」と呼ばれるようになる。では山崎はどのような手法を用いたのか。それは、中国の天台大師智顗《てんだいたいしちぎ》が『法華経《ほけきょう》』を解釈する際に用いた「迹門《しゃくもん》／本門《ほんもん》」という手法だ。智顗は二八品《ほん》から成る『法華経』を前半の一四品と後半の一四品に分け、ブッダが今生で修行をして覚りを開き、八〇歳で般涅槃《はつねはん》するという人間ブッダの一生を描いた前半を迹門、それが衆生を教化する方便《ほうべん》であり、実はブッダは遥か昔から覚りを開いた存在で、その本性は久遠実成であることが明かされる後半を本門と位置づけた。

山崎もこれに倣い、『無量寿経《むりょうじゅきょう》』の前半で、法蔵菩薩《ほうぞうぼさつ》が兆載永劫《ちようさいようごう》の修行をして正覚《しょうがく》を得た阿弥陀仏を迹仏、経の後半（如来光明歎徳章《にょらいこうみょうたんどくしょう》）で一二の光明の仏号で称讃される阿弥陀仏を本仏と解釈した。西方浄土に住まう迹仏の阿弥陀仏は衆生の信仰心を促す方便で、本仏の阿弥陀仏はいつでもどこでも念仏者の目前にいると考えるので、山崎は自分の立場を「超在一神的汎神教」と呼ぶ。阿弥陀仏は絶対的一者（超在一神的）でありながら、いつでもどこでも念仏者と共にあるからだ（汎神教）。この本源的存在としての阿弥陀仏が、彼の言う「ミオヤ」なのである。

また近代の浄土真宗の礎を築いた清沢満之（一八六三～一九〇三）も、近代以降の西洋の学問、特に哲学や宗教学の知見を駆使して、浄土教を新たな地平から解釈し直そうとした。そこには「阿弥陀仏」に代わって「絶対無限」という表現も使われており、こうして阿弥陀仏という呼称も絶対ではなく、時代とともに進化することが予想される（平岡［2018b］）。

甘くない自然淘汰の圧

念仏はさらなる簡素化や物語化、あるいはその意味内容の変更などにより、将来に向かって何らかの進化を遂げるに違いない。一方で、伝統宗学は従来の伝統を保持する方向に働き、突然変異であるコピーミスを許さず、クローンの再生産を運命づけられているから、その中で念仏が進化することは極めて難しい。進化するとしても、宗学が許容する範囲でしか起こらないので、劇的な進化は宗学の外で起こると予想されるが、宗学はそれに「異《い》安心《あんじん》」の烙印を押すことになるだろう。

しかし「異安心」とは言い得て妙な表現であり、「〝邪〟安心」でもなければ「〝悪〟安心」でもない。山崎弁栄の言葉をかりれば、「天台宗の異安心者が法然上人となり、日蓮《にちれん》上人ともなり、法然上人の異安心者が親鸞上人となったのであります。浄土宗の末徒は必ずしも法然上人の御聖意を汲むものばかりではありません。それもやはり異安心者でありますす」とあるように、異安心にこそ進化の可能性があると言えよう。

伝統を守り、伝統を継承することは重要だが、伝統を墨守するだけで進化を否定する場合、進化論的にいえば、自然淘汰によって絶滅するかもしれない。仏教の歴史観に従えば、日本では一〇五二年に末法《まつぽう》に入り、それは一万年続くとするなら、現在も末法の真っ直中ということになる。

だが、神仏の存在や死後の世界の存在がリアリティをもって信じられていた中世と、科学が高度に発達して死後の世界や西方極楽浄土《さいほうごくらくじようど》の存在が疑われる現代、千年前の法然や親鸞が創造した物語がまだ通用するのかどうか。すでに明治以降の浄土宗や浄土真宗においてさえ、西洋の近代的な学問の影響を受けた仏教者、浄土宗であれば山崎弁栄や椎尾弁匡、浄土真宗であれば清沢満之や曽我量深や金子大栄など、彼らの教学に末法の暗い影はない（平岡［2018b］）。

いかに教えが素晴らしくても、時機相応化を怠れば、日本の宗派仏教は自然淘汰によって絶滅を余儀なくされる。地球上に発生した生物の九九％（種にして五〇億～五〇〇億）が絶滅したと言われるが、少なくとも今、日本の宗派仏教は絶滅危惧種のリストに入っているといえば言い過ぎであろうか。自然淘汰の圧を甘くみてはいけない。

引用文献ならびに主要参考文献

石川　琢道　2009.『曇鸞浄土教形成論：その思想的背景』法藏館.

石田　瑞麿　1992.「空也・良源・源信・良忍：叡山の浄土教」梶山［1992a：46-366］.

恵谷　隆戒　1958.「智光の無量寿経論釈の復元について」『佛教大学紀要』34, 1-29.

エリアーデ・M　1975.『エリアーデ著作集第十巻（ヨーガ②）』（立川武蔵訳）せりか書房.

大岡　信　2017.『日本の詩歌：その骨組みと素肌』岩波書店.

大竹　晋　2011.『法華経論・無量寿経論他（新国訳大蔵経・釈経論部18）』大蔵出版.

　　　　　2018.『大乗非仏説をこえて：大乗仏教は何のためにあるのか』国書刊行会.

大谷　旭雄　1993.「永観：念仏宗の人」梶山［1993：1-176］.

大橋　俊雄（校注）1971.『法然　一遍（日本思想大系10）』岩波書店.

　　　　　（校注）1985.『一遍上人語録』岩波書店.

　　　　　（校注）1997.『選択本願念仏集』岩波書店.

　　　　　（校注）2002a.『法然上人絵伝（上）』岩波書店.

　　　　　（校注）2002b.『法然上人絵伝（下）』岩波書店.

碧海　寿広　2016.『入門　近代仏教思想』筑摩書房.

小谷信千代　2015.『真宗の往生論：親鸞は「現世往生」を説いたか』法藏館.

梶山　雄一　1983.『「さとり」と「廻向」：大乗仏教の成立』講談社.

（等編）1992a.『浄土仏教の思想（第六巻）』講談社.
（等編）1992b.『浄土仏教の思想（第十四巻）』講談社.
（等編）1993.『浄土仏教の思想（第七巻）』講談社.
（等編）1995.『浄土仏教の思想（第四巻）』講談社.
2008.『中観と空Ⅰ（梶山雄一著作集 第四巻）』春秋社.
片山 一良 1979.「パリッタ（paritta）儀礼の歴史的背景」『駒澤大学仏教学部論集』10, 112–124.
香月 乗光 1949.「浄土宗教判論の一考察」『仏教論叢』2, 55–58.
門屋 温 2010.「神仏習合の形成」（末木［2010：252–296］）.
金子 大栄（校訂）1957.『教行信証』岩波書店.
辛嶋 静志 2010.「阿弥陀浄土の原風景」『佛教大学総合研究所紀要』17, 15–44.
河波 昌 1992.「山崎弁栄：光明主義の聖者」梶山［1992b：193–395］.
岸本 英夫 1973.『死を見つめる心：ガンとたたかった十年間』講談社.
百済 康義 1979.「観無量寿経：ウイグル語訳断片修訂」『仏教学研究』35, 33–56.
小松邦彰・花野充道（編）2014.『日蓮の思想とその展開（シリーズ日蓮）』春秋社.
小峰 弥彦 1983a「般若経における菩薩と陀羅尼」『印度学仏教学研究』31–2, 304–307.
1983b.「陀羅尼について」『智山学報』32, 1–10.
小山 昌純 2002.「源信撰『阿弥陀経略記』の無量寿三諦説について」『印度学仏教学研

究』51-1, 103-105.
三枝充悳 1999.『ブッダとサンガ：〈初期仏教の原像〉』法藏館.
齊藤隆信 2018.『善導浄土教要文集：附『觀經疏傳通記』見出し』平楽寺書店.
桜部建 1997.『増補 仏教語の研究』文栄堂.
釈徹宗 2011.『法然親鸞一遍』新潮社.
末木文美士 1979.「阿弥陀三諦説をめぐって」『印度学仏教学研究』28-1, 216-222.
2004.「法然の『選択本願念仏集』撰述とその背景」中井真孝編『念仏の聖者 法然（日本の名僧7）』吉川弘文館，85-110.
（編）2010.『日本仏教の礎（新アジア仏教史11 日本I）』佼成出版社.
千賀真順 1994.『国訳一切経：和漢撰述部六（諸宗部五）』大東出版社.
平雅行 2001.『親鸞とその時代』法藏館.
高木豊 1973.『平安時代法華仏教史研究』平楽寺書店.
高田修 1967.『仏像の起源』岩波書店.
竹内紹晃 1981.「仏陀観の変遷」／平川彰他（編）『講座・大乗仏教1：大乗仏教とは何か』春秋社，153-181.
ダーウィン・C 2009.『種の起源』（全二巻）光文社.
津田左右吉 1957.『シナ仏教の研究』岩波書店.
ドーキンス・R 1991.『利己的な遺伝子（科学選書9）』紀伊国屋書店.

長尾　雅人　1967.『世界の名著2：大乗仏典』中央公論社.
中村　　元　1980.『ナーガールジュナ（人類の知的遺産13）』講談社.
1988.『インド人の思惟方法：東洋人の思惟方法 I（中村元選集［決定版］第1巻）』春秋社.
1989.『ヴェーダの思想（中村元選集［決定版］第8巻）』春秋社.
1994.『原始仏教の思想 II（中村元選集［決定版］第16巻）』春秋社.
中村元・三枝充悳　1996.『バウッダ』小学館.
奈良　康明　1973a.「パリッタ（paritta）呪の構造と機能」『宗教研究』46–2, 39–69.
1973b.「「真実語」について」『日本仏教学会年報』38, 19–38.
野口　圭也　2012.「初期密教経典としての『薬師経』」『密教学研究』44, 39–58.
花野　充道　2014.「日蓮の生涯とその思想」（小松・花野［2014：4–81］）.
花山　信勝　1976.『原本校註・漢和対照往生要集』山喜房佛書林.
林　　純教　1994.『蔵文和訳 般舟三昧経』大東出版社.
バルバロ・F　1980.『聖書』講談社.
平岡　　聡　2002.『説話の考古学：インド仏教説話に秘められた思想』大蔵出版.
2007a/b.『ブッダが謎解く三世の物語：『ディヴィヤ・アヴァダーナ』全訳』（全二巻）大蔵出版.
2010a/b.『ブッダの大いなる物語：梵文『マハーヴァストゥ』全訳』（全二巻）

大蔵出版.
2012.『法華経成立の新解釈：仏伝として法華経を読み解く』大蔵出版.
2013.「大乗仏教における〈念仏〉の再解釈：念の対象となる「仏」の内容の変遷から見て」『佛法僧論集：福原隆善先生古稀記念論集（第1巻）』23–42.
2015.『大乗経典の誕生：仏伝の再解釈でよみがえるブッダ』筑摩書房.
2016a.『ブッダと法然』新潮社.
2016b.『〈業〉とは何か：行為と道徳の仏教思想史』筑摩書房.
2018a.『浄土思想史講義：聖典解釈の歴史をひもとく』春秋社.
2018b.『浄土思想入門：古代インドから現代日本まで』KADOKAWA.
2019a.『南無阿弥陀仏と南無妙法蓮華経』新潮社.
2019b.『法然と大乗仏教』法藏館.
平川　彰 1989.『初期大乗仏教の研究 I（平川彰著作集第三巻）』春秋社.
深貝慈孝 1978.「偏依善導一師」について」『佛教大学研究紀要』62, 1–32.
吹田隆徳 2016.「般舟三昧と仏随念の関係について」『印度学仏教学研究』65–1, 190–193.
藤田宏達 1985.『善導（人類の知的遺産18）』講談社.
2007.『浄土三部経の研究』岩波書店.

本庄　良文　1989.「阿毘達磨仏説論と大乗仏説論：法性、隠没経、密意」『印度学仏教学研究』38-1, 59-64.

2010.「経の文言と宗義：部派仏教から『選択集』へ」『日本仏教学会年報』76, 109-125.

2012.「『選択集』第二章における千中無一説」『佛教大学仏教学部論集』96, 31-42.

牧田　諦亮（他）1995.「道綽：その歴史像と浄土思想」梶山［1995：217-406］.

町田　宗鳳　2010.『法然・愚に還る喜び：死を超えて生きる』日本放送出版協会.

松濤　誠達　1980.『ウパニシャッドの哲人（人類の知的遺産2）』講談社.

間宮　啓壬　2014.「日蓮の題目論とその継承」（小松・花野［2014：273-290］）.

向井　亮　1977.「世親造『浄土論』の背景：「別時意」説との関連から」『日本仏教学会年報』42, 161-176.

村上　明也　2008.「源信における「無量寿三諦説」成立の再考」『仏教学研究』64, 137-157.

森　英純（編）1980.『西山上人短篇鈔物集』文栄堂.

柳澤　正志　2018.『日本天台浄土思想の研究』法藏館.

養老　孟司　1989.『唯脳論』青土社.

ローズ・R　1987.「『法華三昧懺儀』研究序説」『仏教学セミナー』45, 17-33.

ワイナー・J　1995.　『フィンチの嘴：ガラパゴスで起きている種の変貌』早川書房.

Silk, J. A.　1997.　"The Composition of the Guan Wuliangshoufo-jing：Some Buddhist and Jaina Parallels to Its Narrative Frame," Journal of Indian Philosophy, 25-2, 181-256.　ジョナサン・A・シルク、平岡聡訳「『観無量寿経』の成立に関する問題：ジャイナ教聖典を手がかりとして」山田明爾編『世界文化と仏教』永田文昌堂、2000, 131-155.

Tsuda, S.　1978.　A Critical Tantrism（Memoir of the Research Department of the Toyo Bunko, No. 36）.

おわりに

人間関係は、実に不思議だ。特に日本の場合、儒教の影響もあり、年齢差はその関係に大きな影響を及ぼす。

私は来年、還暦を迎えるが、昨年末、五〇歳以上も年下の〝友人〟を喪った。五〇歳といえば、孫とお爺ちゃんの関係でもおかしくはない年齢差だが、彼は七年という、あまりにも短い生涯を閉じた。彼の名は、木島奏くん。直接、対面したのはたった一回、しかも十数秒、大学のキャンパスで一緒にかけっこをしたのが、最初で最後の出逢いとなった。それなのに、彼は私にとって特別な存在であった。

彼は私のことをどう思っていたのだろうか。私は彼にとってどのような存在だったのだろうか。今となっては確かめようもないが、五〇歳以上の年齢差を超え、不思議な縁で結ばれていた。

その御縁で、私は奏くんの葬儀の導師《どうし》を務めることになった。私も含め、家族や友人全員が奏くんの極楽往生《ごくらくおうじょう》を願い、功徳《くどく》を回向《えこう》した。このあたりから、奏くんは私にとって

〝友人〟ではなく、同じ理想を目指す〝同志〟となる。浄土教の理想は、念仏《ねんぶつ》して極楽に往生し、そこで菩薩《ぼさつ》としての修行を積み、仏となって苦の衆生《しゆじよう》を救済することにあるが、その理想実現に向けて、ともに修行する同志に、奏くんの存在は変容してきた。

そして、四九日（満中陰）の法要を終えたとき、彼はこの娑婆《しやば》世界と別れを告げて極楽往生を果たし、菩薩として修行を完成させ、早ければもう仏となって我々に働きかける存在となっているかもしれない。となると、奏くんはもはや私にとって〝友人〟でも〝同志〟でもなく、私をはじめ、家族や友人たちの〝導き手（導師）〟となって、実際にさまざまな〝働きかけ〟をしてくれる存在になっているはずだ。

本書は昨年の夏に着想を得て書き始めたが、ちょうど今年の年始あたりから思うように書き進めることができなくなった。気持ちは前に進もうとするが、なかなか思うように文章化できない。しかし満中陰を境に、滞っていた原稿が徐々に進み始める。この瞬間、私は奏くんからの〝働きかけ〟を実感せずにはいられなかった。

あの幼かった奏くんが今や私の導き手となり、さまざまな働きかけを通じて私をサポートしてくれている。奏くん、ありがとう。目には見えないけれど、私は奏くんの存在を身心で感じることができる。これからも、家族をはじめ、私や級友をどうぞ見守っていて下さい。

さて、今回は大蔵出版からの出版となった。二〇〇二年、学位論文の書籍化を手がけてくださったのが大蔵出版であり、それ以降も大蔵出版からは五冊の著書を出版することができた。その間、井上敏光氏や上田鉄也氏に編集をお願いしたが、今回は岡村成美さんに編集の労をお取りいただいた。新進気鋭の編集者であり、私のチベット語の表記の間違いも含め、実に細かな点までチェックしていただいた。ここに衷心より謝意を表したい。岡村さん、ありがとうございました。

平岡　聡

【俗名】木島奏【法名】共奏童子に、本書を捧げる。

二〇一九年一二月二三日（奏くんの一周忌の日に）

[著者紹介]

平岡 聡（ひらおか さとし）

1960年、京都生まれ。佛教大学大学院文学研究科（博士後期課程）仏教学専攻満期退学。アメリカのミシガン大学に客員研究員として留学。博士（文学）。京都文教大学教授を経て、京都文教学園学園長、京都文教大学・短期大学学長。第42回日本印度学仏教学会賞、平成15年度浄土宗学術賞、第12回坂本日深学術賞を受賞。主な著書に『法華経成立の新解釈』（大蔵出版、2012年）、『大乗経典の誕生』（筑摩選書、2015年）、『ブッダと法然』（新潮新書、2016年）、『〈業〉とは何か』（筑摩選書、2016年）、『浄土思想史講義』（春秋社、2018年）、『浄土思想入門』（角川選書、2018年）、『南無阿弥陀仏と南無妙法蓮華経』（新潮新書、2019年）などがある。

進化する南無阿弥陀仏
—念仏はどこからきて、どこに向かうのか？—

2020年3月10日　第1刷発行

著　者　平岡 聡
発行者　石原大道
発行所　大蔵出版株式会社
〒150-0011 東京都渋谷区東2-5-36 大泉ビル2F
TEL.03-6419-7073　FAX.03-5466-1408
http://www.daizoshuppan.jp/
装　幀　山本太郎
印刷所　亜細亜印刷株式会社
製本所　東京美術紙工協業組合

ISBN 978-4-8043-3078-5　C0015